城市轨道交通专业培训系列教材

城市轨道交通
接触网技术

（第二版）

上海申通地铁集团有限公司
轨道交通培训中心　　编著

中国铁道出版社有限公司

2024年·北 京

内容简介

本书为城市轨道交通专业培训系列教材之一，主要包括接触网概述、牵引供电系统、架空式柔性接触网、接触网设计基础计算、架空式刚性接触网、接触轨、接触网零部件、接触网检测技术、接触网设计与验收、接触网运营管理等内容。

本书可作为城市轨道交通职工培训教材，也可作为职业院校相关专业教学参考书。

图书在版编目(CIP)数据

城市轨道交通接触网技术/上海申通地铁集团有限公司轨道交通培训中心编著.—2版.—北京:中国铁道出版社有限公司，2024.6

城市轨道交通专业培训系列教材

ISBN 978-7-113-31190-2

Ⅰ.①城… Ⅱ.①上… Ⅲ.①城市铁路-接触网-技术培训-教材 Ⅳ.①U239.5

中国国家版本馆CIP数据核字(2024)第081502号

书　　名:**城市轨道交通接触网技术**

作　　者:上海申通地铁集团有限公司轨道交通培训中心

责任编辑:魏　娟　　**编辑部电话**:(010)51873315

编辑助理:刘雪庭

封面设计:崔丽芳

责任校对:刘　畅

责任印制:高春晓

出版发行:中国铁道出版社有限公司(100054,北京市西城区右安门西街8号)

网　　址:http://www.tdpress.com

印　　刷:三河市国英印务有限公司

版　　次:2011年5月第1版　2024年6月第2版　2024年6月第1次印刷

开　　本:710 mm×1 000 mm 1/16　**印张**:12.25　**字数**:228千

书　　号:ISBN 978-7-113-31190-2

定　　价:65.00元

城市轨道交通专业培训系列教材

《城市轨道交通接触网技术》

编写人员

主　　编：徐　凯

主　　审：吴　捷

编　　著：第 1 章　徐　凯

第 2 章　赵　越

第 3 章　赵　越

第 4 章　赵　越

第 5 章　李　俊

第 6 章　汤赛舟

第 7 章　谭伟伟

第 8 章　郦春龙

第 9 章　黄晓阳

第 10 章　严羽婕

序

随着城市化进程的加快，城市“出行难”的问题越来越突出，在“以人为本、公交优先”的方针指引下，城市轨道交通因运能大、速度快、安全准点、节约资源、保护环境等优点，日益成为广大市民出行的首选，深受市民欢迎。当前我国的城市轨道交通正处在大发展、大建设时期，尤其是北京、上海、广州、深圳等先期发展的大城市未来即将步入超大规模网络发展阶段，工作重心也由以建设为主、建管并重到现在的运营经营高质量发展。便捷的城市轨道交通运营网络在为市民带来出行便利的同时，也为轨道交通运营部门带来了新的管理课题。

城市轨道交通的自身特点决定了：一旦开通运营，就必须持续保持高度的安全性、可靠性和服务的人性化。网络化运营带来的客流迅猛增长，对客运组织和客运服务提出了高要求。城市轨道交通的发展需要有一大批专业人才，急需一套能满足城市轨道交通网络化运营要求的人才培训教材。

“城市轨道交通专业培训系列教材”是以上海城市轨道交通二十余年运营实践为基础并结合全国轨道交通发展状况，推出的面向国内、面向未来的教材。城市轨道交通多专业“联动”的要求决定了专业技术人才的“一专多能”要求，因此本“系列丛书”既是城市轨道交通各专业人员的入门和提升培训教材，也能满足非本专业人员对其他专业的业务进修。

多位具有运营实践的专业技术人员提炼总结多年积累的地铁各专业运营管理与维护方面的经验及解决实际问题的思路和方法，汇编成此套丛书，期望能给轨道交通运营管理与维护人员以启迪和帮助。

“源于实践、高于实践”“符合国情”是本套丛书的两大特点，不但可以满足当前运营管理培训的需要，也为今后的城市轨道交通网络化发展的管理提出了新的思考和知识点。随着城市轨道交通不断引进新技术，运营管理的要求越来越高，虽然书中阐述的技术和管理的基本原理是相同的，但是“城市轨道交通专业培训系列教材”必然还要在实践中不断补充实例、不断完善，希望本系列教材能真正成为技术和管理人员的“良师益友”。

编写委员会

2024年1月

前　言

城市轨道交通具有运能大、能耗低、污染少、速度快、安全准点等优点，深受全国人民群众的欢迎。随着城市轨道交通进入高质量发展阶段，截至2023年底，中国(暂未统计港澳台)共有59个城市开通城市轨道交通运营线路338条，运营线路总长度11 224.54 km。其中，地铁运营线路8 543.11 km，占比76.11%；其他制式城市轨道交通运营线路2 681.43 km，占比23.89%。

城市轨道交通是集线路、车辆、供电、通信、信号、自动售检票、运营管理等专业工种于一体的综合系统；新工艺、新技术在城市轨道交通各个专业得到充分的运用。城市轨道交通相关岗位是新的职业工种，所以对从业职工的岗前培训、岗位培训以及技能考核，成为城市轨道交通职业教育的重要任务。

《城市轨道交通接触网技术》是综合国内外城市轨道交通的发展实践，结合上海地铁二十余年的建设、运营、设备维护经验，由工作在一线的专业工种培训师及富有经验的接触网专业技术团队撰写，专业新技术、新工艺、新理念都得到了及时的反映和概括。作为一本面向城市轨道交通一线职工的教材，理论联系实际是本教材的特色。内容上，本书结合上海城市轨道交通网络化运营的特点，对接触网专业的重要设备、重要参数、重要性能特点做了较为全面的阐述。

本书结合当前城市轨道交通最新的发展形势，在第一版基础上更新了相关数据、补充了最新技术。本书在编写过程中得到上海地铁维护保障有限公司供电分公司领导和接触网技术团队的指导和帮助，也得到了相关企业的大力支持，在此由衷地表示感谢！

由于编者水平有限，书中难免有遗漏和不妥之处，诚请读者批评指正。

编　者

2024年3月

目　　录

第1章　接触网概述

城市轨道交通的接触网悬挂方式大致有三种，即柔性架空接触网(图1.1)、刚性架空接触网、接触轨(第三轨)供电。三种接触悬挂方式各具特点，各类轨道交通系统都根据工程的特点、客流等，因地制宜地采用不同的悬挂方式。如以地面线路为主的大铁轨道交通，多采用柔性架空接触网；城市地下轨道交通有采用柔性架空接触网，也有采用刚性架空接触网；上述两种架空式接触网相对较安全，线路的日常检修不需断电即可进行，但接触网的维修工作量相对较大。

第三轨悬挂方式由于具有可降低隧道上方净空、供电线路的维修工作量少、架设不影响城市景观等优点，目前正作为一种地下线路与高架线路的重要悬挂方式，得到越来越广泛的重视与应用。但由于第三轨的安装位置较低，且供电轨部分处于裸露状态，因此安全防护工作显得十分重要。

图1.1　柔性架空接触网

1.1　接触网基本要求

由于接触网是一种既无备用又易损耗的供电装置，还受环境和气候条件的影响，一旦发生故障中断牵引供电，将影响地铁列车正常运行。因此，接触网应满足以下基本要求：

1. 在恶劣的气候条件下机械结构具有良好稳定性。

2. 设备及零件具有足够的耐磨性和抗腐蚀能力。

3. 设备结构简单,零件互换性强,便于维护、抢修。

4. 接触网距走行轨轨面的高度应尽量相等。

总的来说,要求接触网无论在任何条件下,都能给地铁列车提供符合要求的电能,并在符合上述要求的情况下,尽可能地节省投资、结构合理、维修简便、便于新技术的应用。

1.2 接触网分类

1.2.1 接触轨式

接触轨按地铁列车侧面或底部伸出的受电器(接触受流靴)与第三轨摩擦方式分为上磨式、下磨式和侧磨式三种。上磨式接触轨安装在专用绝缘子上,工字形轨底朝下,接触靴自上与之接触受电。上磨式的优点是固定方便,缺点是接触靴在其上面滑行,无法加防护罩。下磨式接触轨底朝上,由绝缘体紧固在弓形肩架上,肩架固定装在轨枕一侧。下磨式的优点是可以加装防护罩,对工作人员较为安全。

1.2.2 架空式

架空式接触网在地面上与地下隧道内的架设方法是不同的,分为地面架空式和隧道架空式。架空式接触网又可分为刚性接触网与柔性接触网。架空接触网地面部分采用腕臂与软(硬)横跨相结合的悬挂形式,地下部分可采用弹性支架、链型悬挂或刚性悬挂形式。

1. 柔性悬挂

柔性悬挂为弹性接触悬挂,由简单接触悬挂、链型接触悬挂组成。其特点是受电弓与接触悬挂接触良好,适应较高速运行。柔性悬挂又分为地面架空式和隧道架空式。

(1)地面架空式

地面架空式接触网(图 1.2)主要由接触悬挂、支持装置、定位装置、支柱和基础组成。

①接触悬挂:包括承力索、吊弦、接触线。其作用是直接给地铁列车提供电流,使其正常运行。与地铁列车受电弓直接接触的是接触线。接触悬挂方式很多,地面段主要有简单链型悬挂、简单悬挂。

②支持装置:用以支持接触悬挂并将其负荷传给支柱或其他建筑物的机构,包

图 1.2　地面架空式接触网

括腕臂、绝缘子。腕臂安装在支柱上，用以支持接触悬挂，对地有绝缘，并起传递负荷的作用。腕臂通过旋转底座固定。接触导线固定在定位器的定位线夹上，定位器装配在定位管上。

③定位装置：包括支持器、线夹和定位管。定位装置固定接触线的平面位置，保证接触线与受电弓的相对位置在受电弓滑板运行轨迹范围内，并将接触线水平负荷传给支持装置。

④支柱和基础：支柱是接触网中最基本、应用最广泛的支撑设备，承受接触悬挂、支持装置、定位装置的负荷，并将接触悬挂固定在规定高度。

地面架空接触悬挂由相隔一定距离的悬挂点架空悬挂。地面架空式接触网支柱与支柱之间悬挂点的水平距离称为跨距。接触线在跨距中间位置与悬挂点水平连接的距离称为弛度，弛度大即接触线对走行钢轨高度一致性差。张力表示接触线所受到的拉力。弛度和张力是随着跨距、接触线质量、气温变化而变化的量值。弛度和张力，随气温变化引起接触线的热胀冷缩而变化，气温上升，张力下降、弛度增大；反之，气温下降，张力增大、弛度减小。地面架空式接触网的弛度和张力还受到风力大小、结冰多少的影响。

城市轨道交通接触网因牵引电流大，地面架空式接触网的主线采用双接触线及双承力索，辅助馈线与接触线和承力索并列布置。调节所有导线间的连接使整个系统具有适当的电流分配。为了保证受电弓碳条平滑磨损，接触线有拉出值装置。拉出值分为正定位和反定位，正定位拉出方向在支柱同侧，反定位拉出方向在支柱反侧。横跨中间偏移包括风吹、拉出影响和温度影响。

(2)隧道架空式

隧道架空式的悬挂方式与地面架空式有所不同。一方面隧道内不能立支柱，支持装置是直接设置在洞顶或洞壁，另一方面又必须考虑隧道断面、净空高度、带电体对接地体的绝缘距离、导线的弛度等因素的限制。根据隧道断面和净空高度的不同，接触悬挂有多种不同的方式。合理选择和确定悬挂方式，才能充分利用有限的净空高度，改善接触网的工作性能。

①弹性支架形式

弹性支架形式(图 1.3)是指接触线直接固定在支持装置上,支持装置采用弹性元件的悬挂方式。隧道内悬挂即为简单弹性悬挂。安装在绝缘子上的馈电线通过电连接线与接触线连接,使装在弹性元件上的接触线受电,弹性元件一端与弹性支座相连,弹性支座固定安装在隧道洞顶的一侧。弹性元件可用来调整接触线对走行轨道面的高度,弹性支座通过弹性元件使接触线与受电弓之间保持足够的弹性,保证它们之间的良好接触。主线的隧道段接触网由 2 根接触线、4 根平行的馈线和 1 根接地线组成。接触线的张力通常由张力补偿装置产生,2 根接触线连接到同一个张力棘轮,以保证在温度范围接触线有同样的张力。

图 1.3 弹性支架

②链型悬挂形式

在隧道内,车辆限界、带电体与接地体的绝缘距离、弛度和安装误差等因素对接触悬挂高度有影响,在有限的净空高度内,欲使悬挂高度降低,可通过缩短跨距、减小弛度来调整。在有条件采用简单链型悬挂的隧道内,也可采用简单链型悬挂,以增加弹性,用具有张力补偿作用的装置实现张力补偿,以减小弛度及其变化。

2. 刚性悬挂形式

刚性悬挂(图 1.4)是指固定的导电体受流过程中在受电弓或集电靴的作用下基本不变形,由支持体、绝缘子、汇流排和与受电弓接触的接触面或接触线组成,一般用于隧道段。刚性接触网是将传统的接触线夹装在汇流排中,汇流排取代了承力索,并靠它自身的刚性保持接触线的恒定位置,使接触线不因重力而产生弛度,不必担心因接触线过度磨损而导致的断线。

刚性悬挂接触导线一般采用铜银导线,与柔性接触悬挂所采用的接触导线相同。接触导线通过特殊的机械镶嵌于“Π”形汇流排上,或通过专用线夹固定于

"T"形汇流排上，与汇流排一起组成接触悬挂。刚性悬挂的最大优点在于可以取消柔性悬挂中的承力索和辅助馈线，使接触网的结构变得简单紧凑，极大地方便运营管理和维修。刚性悬挂在地面与隧道交汇段有刚性悬挂过渡。

图 1.4　刚性悬挂

城市轨道交通接触网一般标称直流电压 1 500 V，最高直流电压 1 800 V；接触线最低设计高度 4 m，最大高度 5.7 m，地面系统结构高度 1.4 m；直线段"之"字值（拉出值）±200 mm，曲线段拉出值－250 mm，车辆段拉出值＋250 mm。地面主线一般采用简单全补偿链型悬挂，双接触线、双承力索分别由安装在各自电杆上的自动张力装置进行补偿，使承力索、接触网导线在整个工作温度范围内承受固定张力。软横跨是多股道站场接触悬挂的横向支持装置，由横向承力索和上、下部固定绳及连接零件组成。简单软横跨只有横向承力索和下部固定绳及连接零件，无上部固定绳。横向承力索承受接触悬挂的全部垂直负载，上部固定绳承受承力索的水平负载，下部固定绳承受接触线的水平负载。接地线采用架空敷设。试车线上的接触网设备类似于正线，但没有辅助馈线。地面上的跨距，一般不超过 60 m。在特殊线路上（锚段长度小于 150 m），采用弹簧终端。弹簧终端结构利用弹簧拉力自动调节接触网的张力。弹簧终端结构简单，体积小，质量轻，安装方便且经济。

1.3　接触网供电方式

牵引变电所通过接触网向地铁列车供电，接触网在每个牵引变电所附近断开，分成两个供电区段。每个牵引变电所仅对其两侧的区段供电。供电距离越长，牵引电流在接触网上的电压降越大，使末端电压过低及接触网上电能损耗过大；供电距离过短，牵引变电所数目增多，投资增加。

1.3.1 单双边供电

供电距离以及接触线截面等与接触网供电方式有关。牵引变电所向接触网供电有单边供电和双边供电两种方式。每个供电区段也称为一个供电臂,如地铁列车只从所在供电臂上的一个牵引变电所获得电能,这种供电方式则称为单边供电。单边供电时,若有故障,其范围小,牵引变电所内的保护也较简单。但地铁列车所需牵引电流全部由一边流过牵引网,牵引网电压降和电能损耗更大。如一个供电臂同时从相邻两个牵引变电所获得电源,则称为双边供电。双边供电时,牵引电流按比例由两边流过牵引网,牵引网电压降和电能损耗相对较小,但有故障时,范围也较大,保护较复杂。

单边供电和双边供电都是正常供电方式。每个接触网区段均由相邻两个牵引变电所并联供电,即采用双边供电,以减小牵引网电压降和电能损耗。正常双边供电时,牵引变电所馈线开关内设置双边联跳保护装置。一旦接触网发生短路故障,靠近短路故障点的牵引变电所保护动作,馈线开关迅速跳闸,与此同时联动跳开另一侧牵引变电所的相应馈线开关,及时切除故障。

1.3.2 越区供电

当某一牵引变电所故障时,该故障所退出运行,此时该区段接触网就改为单边供电,或可通过闭合故障牵引变电所处接触网的联络隔离闸刀,实施越区供电,此时称为大双边供电,两座牵引变电所的馈线开关仍有联跳功能。

在越区供电方式下运行,供电区域扩大,牵引变电所的负荷增大,线路损耗增大,因此视情况要适当减少同时处在该供电区段的地铁列车数,但一旦接触网发生短路故障,其保护装置灵敏度降低。因此,越区供电只是在牵引变电所故障情况下运行的一种特殊方式。

第 2 章　牵引供电系统

2.1　牵引变电所牵引供电系统

牵引变电所的功能是将主变电所输送过来的交流电经降压整流为直流电源后通过接触网传送供给地铁列车。

2.1.1　牵引供电系统

将电能传送给地铁列车的电力装置称为牵引供电系统。城市轨道交通地铁列车供电大都采用直流电，通常有 DC 750 V、DC 1 500 V 等供电电压。牵引供电回路是牵引变电所—馈电线—接触网—地铁列车—钢轨回路—牵引变电所等组成的闭合回路。由于是轨道交通，钢轨除了作为走行轨外，还兼作直流供电系统的负极，而直流供电的正极通常采用第三轨或接触网供电两种形式。从牵引供电系统的组成看，接触网是实现向地铁列车供电的重要环节，直接影响地铁列车安全运行。因此，必须使接触网始终处于良好的工作状态，安全可靠地向地铁列车供电。

2.1.2　牵引变电所主要设备

整流机组是牵引变电所的重要设备，它包括整流变压器开关、整流变压器、整流器、正负极闸刀。每座牵引变电所中设置两套整流机组，通过整流机组获得列车牵引所需的直流电压。直流母线为单母线接线形式，两套整流器组可以并列向同一直流母线供电。每座牵引变电所都有四路直流 1 500 V 的出线(其中车辆段一般为五路)。每路出线都通过直流高速开关，经接触网隔离闸刀，将直流电能送上接触网。

为了获得大功率的整流直流电，减小谐波分量，减少工程占地面积，一般采用 12 脉波整流或 24 脉波整流机组，整流变压器采用带双低压输出的轴向分裂四线圈整流变压器，整流器组采用大功率的螺旋式或平板式整流二极管。整流机组的负荷特性为反电动势、再生。在 12 脉波整流系统中，使整流变压器二次侧输出相差 30°，整流器组由两个三相 6 脉冲全波整流桥组成，其中一个整流桥接至整流变压器二次侧 Y 形绕组，另一个整流桥接至整流变压器二次侧△形绕组，两个整流桥并联连接构成 12 脉波整流。为了获得等效 24 脉波的整流电压，在 24 脉波整流系统中，使两台整流变压器的二次侧输出之间移相15°，一般在整流变压器的高压侧采用延边三角形移相获得，一台整流变压器移相+7.5°，而另一个则移相−7.5°，各自的两个整流桥并联连接构成12脉波整流，但在牵引变电所内的两套整流机组并联运行构成等效24脉波整流。

1. 整流变压器

每座牵引变电所都有两台整流变压器，一般采用环氧树脂浇注工艺制成的干式变压器。保护方式主要采用过流保护和温度保护。电压调整方法主要采用五挡分接头无载调压方式。

2. 整流器

整流器是将交流电能转换成直流电能的重要设备。由于城市轨道交通牵引负载是较为典型的冲击负载，整流器具有一定的过载能力，100%负载长期运行、150%负载2 h运行、200%负载1 min运行。

整流器的主要元件是硅整流二极管、快速熔断器，其中硅整流二极管是实现电能形式转换的主要元件。整流器中采用了平板式大功率整流二极管，整流器柜为独立式金属柜。

整流器柜中整流二极管的个数根据设计容量而定。一般需选用合适的二极管并考虑整流器母排的电阻，使整流器每一臂并联二极管的电流不平衡度应满足当任一臂并联的二极管有一个损坏时，仍能保证整流器的过负荷要求和承受短路电流的要求，即仍能正常运行。整流器的保护有过电压保护、过电流保护和温度保护。

(1)过电压保护

包括二极管换相过电压保护、交流侧过电压保护和直流侧过电压保护。二极管换相过电压保护由并联在二极管两端的RC电路组成，用于抑制换相过电压。交流侧过电压保护由交流侧的氧化锌压敏电阻实现，防止交流侧开关操作或变压器感应产生的过电压，将过电压抑制在3 000 V以下。在直流侧加装RC过电压抑制回路和放电回路。防止直流快速断路器开合时产生操作过电压损坏二极管，并在整流器输出端并联一个压敏电阻，抑制残余的过电压。

(2)过电流保护

每个整流二极管串联一个快速熔断器，当二极管失去单向性能时产生变压器二相短路，回路中将产生短路电流，此时应由二极管熔丝熔断来保护。

(3)温度保护

在整流器预测温度最高的元件散热器或铜母排上设置温度传感器元件，用于监视元件散热器或铜母排的温度，并由温度继电器发出信号。

大容量高电压的整流设备对二极管都有特殊的要求。遇到整流电压较高，二极管的反向耐压无法承受时，采用二极管的串联方法连接，提高承受反向电压的能力。要求串联的二极管的反向电压应平均分配。遇到电流较大的情况，采用二极管的并联连接，以提高整流器的负载能力。要求并联的二极管的通态电流应平均分配，地铁牵引采用的整流器是用二极管并联的方法来提高负载能力，要求二极管峰值电压降应相同，以保证二极管并列时的电流分配尽可能相同。

3. 直流高速开关

直流高速开关一般采用单极手车式框架结构，具有结构紧凑、互换性好的特点；采用灭弧栅分割电弧，分断性能好，负载能力大；配置可编程序控制器(PLC)控制，具有智能化程度高、保护可靠等优点。

(1)手车结构

手车的上半部分是一台单极式直流开关，开关的合闸采用串激直流电机驱动，利用高速电机的离心力，带动合闸机构，使开关的合闸时间大为减少，对于开关的跳闸采用两种不同的跳闸形式，当故障电流产生达到保护的整定值，保护装置的储能电路放电驱动快速脱扣线圈，使开关迅速跳闸，当出现其他形式的跳闸信号时，则采用失压线圈失电带动机构跳闸。开关分断时的电弧通过78片灭弧栅组成的灭弧罩将电弧电压进行分割，以降低灭弧栅间电压值，达到迅速灭弧的目的。

开关的主触头用合金材料制成，导电电阻小，并配用散热的风机协助触头散热，提高开关的负载能力，散热风机由热敏元件实行自动控制，当散热风机工作不能有效降低触头的温度时，开关将会自动跳闸。

动触头的频繁接通切断电路，电弧对其表面有一定的灼伤和烧损。触点指示器的红色圆点与红线相切时，表明主触头烧损已接近极限，应及时更换，检查指示可以通过手动合闸杆合上开关进行观察。

手车的下半部分是一套PLC控制器和继电器，手车的下方是用于线路故障测试的设备。

(2)直流开关的功能简介

馈线柜有大电流脱扣保护、电流上升变化率$\left(\frac{\mathrm{d}i}{\mathrm{d}t}\right)$及电流增量($\Delta I$)保护、接触网过负荷保护、双边联跳保护，且具有自动重合闸功能。进线柜有大电流脱扣保护和逆流保护。负极柜仅有框架保护。

①大电流脱扣保护

高速直流断路器自带的一种保护类型，由开关生产厂家提供，它采用了电磁脱扣原理，主要用于快速切除近端金属短路故障(此时故障电流非常大，一般超过10 000 A)。

②接触网过负荷保护

若设备长期处在过负荷运行情况下会导致直流馈出电缆，特别是架空接触网发热甚至瘫痪，发生此类故障时应切除过载运行线路，待恢复冷却后再投入运行。其工作原理是保护单元连续测量馈线电流，同时根据接触网的电阻率、电阻率修整系数、长度、横截面积、电流计算出接触网温度，如果该温度超过设定值，保护单元发出跳闸信号分开馈线断路器，待一段时间冷却后开关才能重新合闸。不过这种计算法比较复杂，在实际应用中一般采用反时限过负荷保护的方法，即电流过载倍数越大，允许持续的时间越短。

2.1.3 自动重合闸

牵引供电系统故障可分为以下两类故障：

(1)瞬时性故障：在接触网线路被继电保护迅速断开后，电弧即熄灭，故障点的绝缘强度重新恢复，此时，如果把断开的线路断路器再合上，就能恢复正常的供电，因此称这类故障为瞬时性故障。常见的瞬时性故障有列车逆变器故障、过电压引起的绝缘子表面闪络或避雷器放电等。

(2)永久性故障：在线路被断开后，故障仍然存在，这时即使再次合上电源，由于故障仍然存在，线路还要被继电保护再次断开，因而不能恢复正常的供电。此类故障称为永久性故障。在直流馈线断路器柜中设置了自动重合闸功能，通过线路测试回路，计算线路残余电阻来判别故障性质，决定是否进行自动重合闸。

1. 自动重合闸原则

正常操作断路器合闸时，对线路进行多次测试(一般设定为 3 次)，通过电流和电压的测量，计算线路残余电阻。线路正常则允许合闸，如线路存在持续性故障，则闭锁合闸；当接触网发生故障时，断路器分闸，启动线路测试，并根据测试结果判别故障性质，如故障是瞬时性的，自动重合闸将使断路器重新合闸；如故障是永久性的，直流断路器不进行重合闸。框架保护不启动线路测试及重合闸。

2. 重合闸过程

直流馈线断路器的自动重合闸动作过程是通过控制单元内部程序来控制的。

(1)断路器跳闸后，在符合自动重合闸条件的前提下，进入自动重合闸程序。

(2)重合闸程序设置重合闸总时间约为 85 s，在总时间内根据线路绝缘检测情况进行若干次自动重合闸。

(3)第一次重合闸前设置基本等待时间，约为 5 s，主要考虑绝缘恢复时间及断路器触头冷却时间等因素。在等待时间结束后，进行 2～5 s 的线路绝缘检测，考虑到列车负载阻抗，当线路对钢轨电阻大于 1 Ω 时，判断为接触网无金属性短路故障。等待 3 s 后断路器自动合上。在经过一段时间的等待后，断路器如果仍未跳闸，则控制单元判断为重合闸成功，退出重合闸程序。

(4)当绝缘检测不成功或断路器合闸后在短时间内再次跳闸，则控制单元判断为重合闸不成功，进入下一重合闸循环。等待15 s后重新进行绝缘检测。

(5)当绝缘检测回路故障或断路器合于非金属短路点时，经过4～5次重合闸尝试仍无法取得成功，并且已经达到重合闸总时间(85 s)，控制单元判断接触网存在永久性故障，退出重合闸程序，并将断路器操作闭锁。

3. 智能化的自动重合功能

为了避免线路存在故障开关合闸时的故障电流造成对开关的损伤，直流开关利用其配置的线路测试设备及PLC实现智能化控制。

当按下合闸按钮时，合闸信息经过数字输入模块送到CPU，CPU扫描到合闸信息(开关量)进入重合闸程序，合闸前有5 s的停顿时间，然后发出测试设备信号，启动90 s定时器。接触器经缓冲继电器吸合，1 500 V电压经分压后由电压继电器采样电压(采样整定电压在25～250 V之间±10%可调)，接触器合闸时间为2 s，在2 s内，经电阻分压后，电压继电器得不到其整定的电压值，电压继电器不动作。CPU发出测试信号后，2 s内无电压继电器的反馈信号，断定线路有短路现象。于是，发出取消测试设备工作的信号，进入延时15 s的等待程序。15 s时间到后，第二次发出测试信号进行第二次测试。只要线路有短路现象，上述过程重复5次。共计时5+(2+15)×5=90(s)，90 s定时器计时时间到，CPU发出停止工作信号，同时显示线路持续短路信号。

通常情况下，直流供电线路上的故障系电流突变引起开关跳闸，永久性故障的概率不大，为迅速准确地恢复供电，一般在10 s内都能合闸成功。

线路测试无故障，则电压继电器得到正常的电压吸持。状态经输入模块送入CPU；CPU收到此信号即发出合闸信号，与此同时，启动2 s定时器，并对开关合闸状态进行检测。合闸继电器吸合，垂直安装的开关器合闸电机高速旋转，利用其离心力驱动合闸机构快速合闸。在串激电机达到一定转速时，离心机构撞击开关，发出信号，预示开关在毫秒段的时间内合闸，CPU接收到离心开关的闭合信号后，立即发出合闸继电器释放信号。利用电机的速度惯性使开关合闸，合闸后开关的辅助触点的状态发生变化，PLC同时对其状态进行监测。

开关因电流增量继电器保护动作跳闸，或双边供电时，因一侧开关电流增量继电器动作，引起另一侧开关联跳。开关在跳闸后都会进入自动重合闸程序。对供电线路进行检测，实现智能化的自动重合闸，以确保合闸准确无误。

4. 智能化的联跳功能

在双边供电情况下，因故障点的不同，对于离故障点较近的一侧开关来说能够迅速检测故障电流做出反应。而对于离故障点较远的一侧开关，可能因阻抗的分配不一，其灵敏度有所下降，致使带故障运行。为此，在电流开关中设计了一套联跳线路。

联跳线路具有过载保护、短路保护功能。检测到故障电流的开关动作跳闸后，联跳的开关与主跳的开关分别进入自动重合闸的线路测试，以检测原先的故障是否长时间存在，根据测试结果不同做出不同的控制选择。这是一种联跳形式。

5. 直流开关的部分跳闸形式

(1)电磁过流跳闸

当电流达到一定限值(电磁过流的整定值)，开关主触头旁的电磁线圈吸合带动分闸机构，直流开关将跳闸切断电路。电磁过流的整定值 6～12 kA 可调，调节轮上有齿距便于调整后定位。电磁过流反应较迟钝，一般作为后备保护。

(2)电流继电器动作跳闸

电流上升变化率$\left(\frac{\mathrm{d}i}{\mathrm{d}t}\right)$和电流增量($\Delta I$)两种保护采用电子式继电器保护，具有反应灵敏的特性，配以电容式脱扣器，大大缩短了跳闸时间。电流增量继电器由电源、比较、放大、驱动发信四大部分组成。正常工作时，电源指示灯亮的同时给出装置工作正常信号，$\frac{\mathrm{d}i}{\mathrm{d}t}$、$\Delta I$ 动作都配有计数器，对动作次数进行计数，动作跳闸后的红色指示灯分别会亮。开关自动重合闸后，对继电器进行复位，红灯熄灭，但计数器不能复位。

由于存在列车启动电流，流经馈线断路器的瞬时负荷电流大，如果采用普通的过电流保护，会造成保护误动作，影响列车的正常运行。因此，城市轨道交通供电系统普遍采用电流上升变化率$\left(\frac{\mathrm{d}i}{\mathrm{d}t}\right)$及电流增量($\Delta I$)保护。列车正常的启动电流与故障短路电流在电流变化量上有比较明显的区别，假设列车的最大工作电流为 2 kA，列车启动时电流从零增长到最大电流值需要 8 s，则启动电流上升变化率仅为 0.25 kA/s。而故障电流的上升变化率可达到列车启动电流的几十倍甚至几百倍。电流上升变化率$\left(\frac{\mathrm{d}i}{\mathrm{d}t}\right)$及电流增量($\Delta I$)保护就是根据故障电流和正常工作电流在变化率这一特征上的不同来实现保护功能的。

在实际运用中，电流上升变化率$\left(\frac{\mathrm{d}i}{\mathrm{d}t}\right)$及电流增量($\Delta I$)保护是通过相互配合来实现保护功能的，而且这两种保护的启动条件通常都是同一个预设的电流上升率值。在启动后，两种保护进入各自的延时阶段互不影响，哪个保护先达到动作条件就由它来动作。一般情况下，$\frac{\mathrm{d}i}{\mathrm{d}t}$保护主要针对中远距离的非金属性短路故障，$\Delta I$

主要针对中近距离的非金属性短路故障。

在直流牵引供电系统中，由于采用直流供电制，因此在交流供电制中采用的电流互感器、电压互感器等测量元件均不能采用，一般形式为在快速断路器与负荷之间设置一个分流器，电流流过分流器时产生一个小电压，该电压经过隔离放大器的隔离、放大，转换成标准信号送给保护单元，由保护单元进行计算并发出跳闸信号。

①电流上升变化率$\left(\frac{\mathrm{d}i}{\mathrm{d}t}\right)$保护

在运行中，保护单元不断检测电流上升变化率，当电流上升变化率高于保护设定的电流上升时，$\frac{\mathrm{d}i}{\mathrm{d}t}$保护启动，进入延时阶段。若在延时阶段，电流上升变化率回到保护设定值以下，那么保护返回。

②电流增量(ΔI)保护

在$\frac{\mathrm{d}i}{\mathrm{d}t}$保护启动的同时 ΔI 保护也启动并进入保护延时阶段，保护单元开始计算电流增量。若电流上升变化率一直维持在$\frac{\mathrm{d}i}{\mathrm{d}t}$保护整定值之上，且电流增量在 ΔI 保护的延时后达到或超过保护整定值，则保护动作。

在计算电流增量的过程中允许电流上升变化率在相对较短的时间内回落到$\frac{\mathrm{d}i}{\mathrm{d}t}$保护整定值之下，只要这段时间不超过$\frac{\mathrm{d}i}{\mathrm{d}t}$返回延时整定值，则保护不返回，反之保护返回。

③电流上升变化率$\left(\frac{\mathrm{d}i}{\mathrm{d}t}\right)$及电流增量($\Delta I$)保护整定原则

在采用双边供电方式的供电系统中，电流上升变化率$\left(\frac{\mathrm{d}i}{\mathrm{d}t}\right)$及电流增量($\Delta I$)保护整定应遵循以下原则：

a. 由于$\frac{\mathrm{d}i}{\mathrm{d}t}$保护主要用于切除中远距离的故障，因此整定值不应取太大，以获得较大的保护；

b. $\frac{\mathrm{d}i}{\mathrm{d}t}$的延时整定应取较大值，躲过保护区域之外发生故障时的故障电流，如越区故障；

c. ΔI 的整定值应足够大，以躲过列车启动电流、列车经过接触网分段绝缘器时的冲击电流和接触网滤波器充电电流 ，这点主要利用保护的延时实现；

d. 供电系统设计时考虑的情况与实际情况往往有一定差距，$\frac{\mathrm{d}i}{\mathrm{d}t}$及 ΔI 保护的整定值除了理论计算外，必须经过相应的现场短路试验来最终确定，并且在投入运行后不断总结修正。

(3)联动跳闸(联跳)

在双边供电时，一侧直流开关跳闸，会引起另一侧直流开关的联动跳闸。跳闸过程是由于联跳继电器吸合，联跳继电器常闭接点打开，使开关的失压线圈电路失电，电压线圈失电衔铁释放，带动开关机构分闸。

双边联跳保护：所谓双边联跳保护，其实是一种设备出现故障后断路器跳闸的方式，类似于变压器本体发生短路故障后跳开变压器高、低压侧断路器。对于采用双边供电方式的牵引供电系统，它是广泛使用的一种跳闸方式。

当接触网发生故障时，由于采用双边供电方式，总是可以看成一侧为近距离故障，另一侧为远距离故障，应该是近故障点的变电所先跳闸。由于采用双边联跳保护，只要两个变电所中的一个能检测出故障电流并正确跳闸，另一个也会被联跳，因而提高了保护的可靠性。

(4)框架故障、跳闸

直流供电系统采用不接地系统，钢轨作为直流系统的负极与大地之间有绝缘衬垫，变电所内直流设备的框架与大地之间也用绝缘衬垫隔离，集中一点接地，便于监视。

直流设备一旦绝缘水平下降发生直流接地，由于直流电流的连续性，会引起持续燃弧烧损设备，采取了框架保护，就可以变多点接地为一点接地，集中加以监视控制，以保证所内值班人员的人身安全，框架保护有电流型、电压型两种。电流型通过分流器采集信号，电压型则由接于直流负极与大地之间的电阻器或变换器采集电压值。框架保护配用的PLC实时对采样值进行检测监视，无论到达哪种动作值，在发出信号的同时驱动框架保护动作继电器，将框架保护跳闸电压加到电压小母线上，与框架保护有关联的开关柜中配置的框架保护继电器得电吸合动作，直流开关内一继电器吸合，其常闭接点串联于电压线圈回路中，使电压线圈因失电带动开关跳闸机构而跳闸。

框架保护动作不仅跳本站的33 kV整流变开关、直流高速开关，而且会通过联跳装置跳相邻站同一供电线路上的直流开关，并将这些开关闭锁，取消直流开关的自动重合闸功能，以保证故障得到隔离。发生框架保护动作跳闸，在双边供电联跳功能投用的情况下，会导致故障站供电四个区段停电，为此要求值班人员应迅速准确查出故障点，隔离故障并恢复供电，至少是单边供电，以保证地铁列车运行。

为了防止直流牵引供电设备内部绝缘降低时造成人身危险，每个牵引降压变电所内设置了一套直流系统框架泄漏保护装置。该保护装置包含反映直流泄漏电流的过电流保护和接触电压的过电压保护，而过电压保护还与车站的钢轨电位限制装置相配合，作为钢轨电位限制装置的后备保护。框架泄漏保护由一个电流元件和一个电压元件组成，电压元件可当地投入/切除，并可分别整定为报警和跳闸两段。框架保护动作跳闸后，将闭锁本所断路器合闸，当地复归框架保护后，断路器才能合闸。

框架保护动作后，除了本牵引变电所的直流牵引系统全部跳闸，与该站相邻牵引变电所向同一供电区供电的直流馈线断路器也会跳闸。框架保护动作后该变电所供电的四个供电区内接触网都停电，虽然能保证人身及设备安全，但是将中断列车的正常运行，影响范围很大。在采用了列车走行钢轨作为牵引回流媒介的直流牵引系统中，钢轨对大地有一定的电压，因此框架电压保护与轨电位限制装置之间的配合要良好，在轨电位限制装置正常动作前框架保护不应动作，以防止扩大事故范围，要求做到既能保证人身及设备安全，又能确保地铁列车正常运行。

2.1.4　回流系统

牵引回流系统由走行轨、阻抗棒（也称扼流变压器）、负回流电缆和均流电缆等构成。如果是场站，则还有单向导通装置。列车电流进入走行轨后将通过负回流电缆回流至牵引变电所负母线。负回流电缆一般采用截面为 150 mm^2 的直流铜芯软电缆引至回流电缆转换箱，然后用截面为 400 mm^2 的直流铜芯软电缆引至牵引变电所负母线。

1. 牵引回流的接线方式与轨道电路的关系

钢轨不仅是回流系统的一部分，同时也是轨道电路的一部分。目前有很大一部分地铁车辆运行时的检测和控制是通过轨道电路实现的（如上海地铁 1、2、3 号线）。如果将回流电缆直接与钢轨连接，就会破坏轨道电路，将一部分轨道信号旁路掉，造成车辆控制故障，影响正常运行。所以牵引回流的接线方式不仅要保证回流电流的畅通，而且还要保证轨道信号不被旁路掉。为了防止不同电路间的相互干扰，在城市轨道地铁电气化区段上应对信号轨道电路做特殊安排：①采用不同电流制或不同电流频率。对于直流电气化铁道，信号轨道电路可采用交流电源。②在两根钢轨之间设置均流线和阻抗棒。牵引回流通过阻抗棒及中点连线可在钢轨中顺利流通，由于牵引回流在阻抗棒上下两部分产生的磁势是互相抵消的，因此轨道中的牵引回流不会影响信号轨道电路的正常工作。③牵引回流的引出线（包括将轨道牵引回流引回牵引变电所的回流线）必须在信号阻抗棒中点连接。

2. 牵引回流系统各元件在回流中的作用

（1）钢轨：作为回流电流的载体。

（2）阻抗棒：阻止流经轨道上的高频信号被旁路掉，确保直流回流电流畅通。

（3）均流线：均衡两根钢轨之间的电位和电流，确保轨道信号不被干扰。

(4)回流线:从阻抗棒的中点引出,与回流箱连接,作为回流电流的载体。

(5)回流箱:通过汇流排与各个回流线连接,并与回流电缆转接。

(6)回流电缆:将回流电流引入牵引站整流器负极。

3. 轨道电路

以一段地铁线路的钢轨为导体构成的电路,用于自动、连续检测这段线路是否被机车车辆占用,也用于控制信号装置或转辙装置,以保证行车安全的设备,这样的电路被称为轨道电路(track circuit),它利用轨道作为区间信号自动控制的电路。轨道电路又是信号联锁的室外重要设备,它能监督检查某一固定区段内的线路(包括站线)是否有列车运行、调车作业或车辆占用的情况,并能显示该区段内的钢轨是否完整。

4. 回流方式

(1)第一种牵引回流方式(图 2.1)

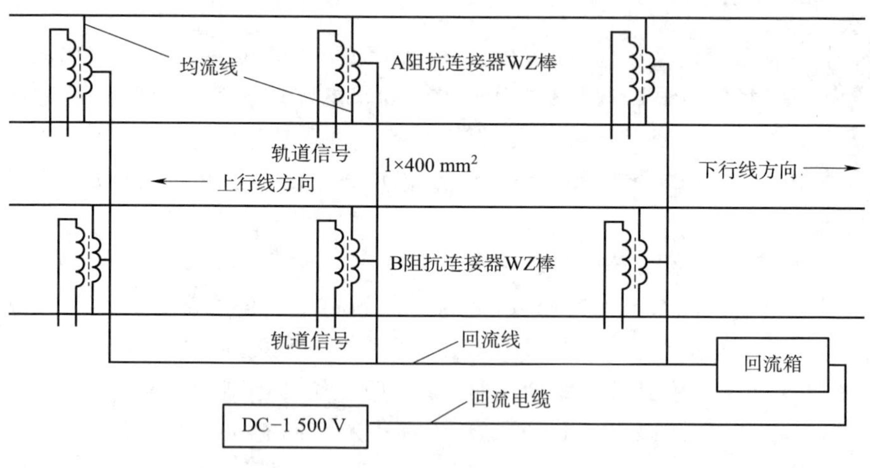

图 2.1　第一种牵引回流方式

回流线从阻抗连接器 WZ 棒的中心抽出,经回流箱连接到牵引变电所的负极。这种回流方式在两条轨道直流牵引回流电流严重不平衡时,由于 WZ 棒的铁芯尺寸有限,会被直流磁化而饱和,引起轨道信息非线性畸变失真。上海地铁 1 号线就采用这种回流方式。

(2)第二种牵引回流方式(图 2.2)

第二种牵引供电回流方式的牵引回流点是在 S 棒(或 I 棒)处设置一个铁牌,棒线用螺栓拧在铁牌上,同时牵引回流线也用螺栓固定在铁牌的两边,不同的牵引回流点所使用的牵引回流线个数也不一样,一般是 6～8 根。为保证两条钢轨上牵引电流的平衡度,牵引回流点的抽头位于两条钢轨的铁牌中间,如图 2.2 所示。由于第二种牵引回流方式在牵引回流点使用的电缆较多，所以回流效果与第一种方式相比更好，而且各牵引回流点直接回到牵引变电所负极，减少了上、下行牵引电流串扰的可能性。由于第二种牵引回流方式棒与环线是空气耦合(非铁芯)，因此没有直流不平衡电流，对轨道电路信息(音频)传输无害。上海地铁2号线就采用这种回流方式。

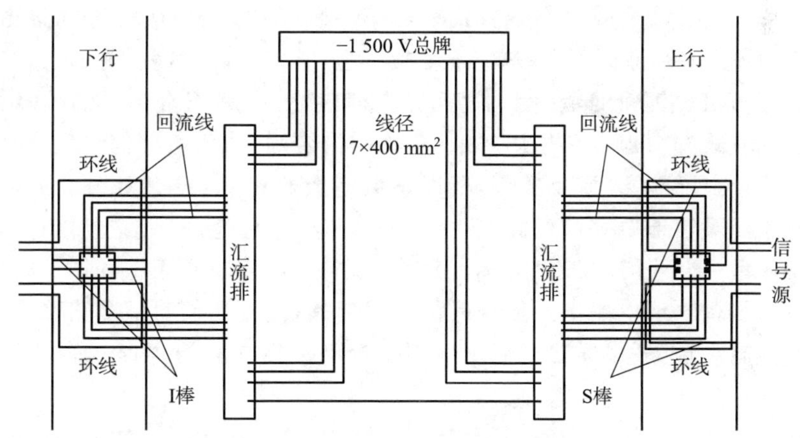

图 2.2　第二种牵引回流方式

(3)第三种牵引回流方式(图 2.3)

第三种回流方式和第一、二种牵引回流方式都不相同，它的牵引回流点的设置和轨道电路的棒线已经分开，专设具有隔交走直特性的阻抗棒构成牵引回流通道，即上、下行的信号电流不再通过阻抗棒而产生相互串扰，牵引电流可以通过阻抗棒电缆连接回到牵引变电所负极。这样的设置减少了牵引回流对轨道电路信息传输系统的骚扰，也降低了上、下行串扰的可能性。根据第三种回流方式信号系统开通后的故障记录，第三种回流方式轨道电路的故障率相对第一、二种牵引回流方式更低。

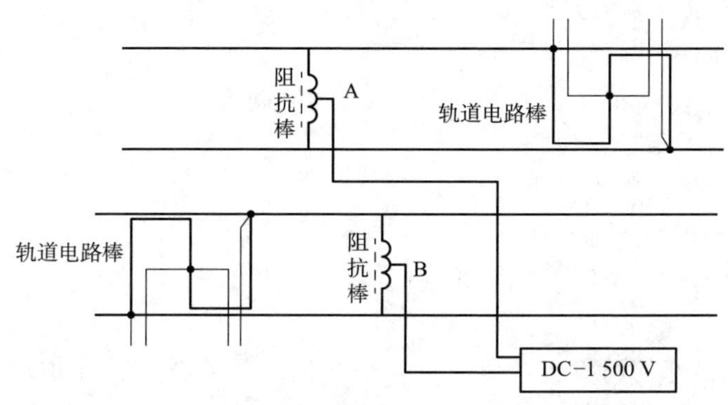

图 2.3　第三种牵引回流方式

(4)三种牵引回流方式比较

第一种牵引回流方式的牵引回流线和轨道电路棒线连接在一起,并且上、下行两条线路也相互连接在一起,这既干扰了同线路的轨道电路,也干扰相邻线路的轨道电路,由于第一种 WZ 棒是使用铁芯,当钢轨的牵引电流不平衡时,非常容易造成磁饱和。

第二种牵引回流方式在布线方式上和第一种类似,也是从轨道电路棒线中间引出牵引回流线,并且也是上、下行连接在一起,所以单纯从回流方式看,第二种方式也非常容易出现钢轨的牵引不平衡电流影响轨道电路正常工作的故障。但是,由于第二种方式的轨道电路采用环线(非铁磁耦合)将轨道电路信号耦合至钢轨的方式传输信息,环线的介质是空气,所以不会造成磁饱和,只有牵引不平衡电流的交流部分才能对轨道电路产生影响。

第三种牵引回流方式最大的优点是将牵引回流点与轨道电路分开,以便减小牵引不平衡干扰轨道电路信息传输的机会。但是,由于它的轨道电路采用注入式,将信号传输至钢轨,所以无法避免牵引不平衡电流造成轨道电路耦合单元磁饱和的可能性。

2.1.5 钢轨电位限制装置(以 SITRAS® SCD-T 为例)

1. 工作原理

在直流牵引系统中,由于操作电流和短路电流的存在,可能会引起回流回路和大地间产生超出安全许可的接触电压。在此情况下,就需要在回流回路与大地间装配一套钢轨电位限制装置,以限制运行轨的电位,避免超出安全许可的接触电压的产生。

当产生超出安全许可的接触电压时,此钢轨电位限制装置就将钢轨与大地短接,从而保证人员和设施的安全。

2. 钢轨电位限制装置构成

钢轨电位限制装置工作原理如图 2.4 所示,主要包含下列功能元件:

(1)复用开关,由晶闸管元件和直流接触器组成。

(2)多级电压测量元件。

(3)控制及测试逻辑模块 LOGO。

3. 钢轨电位限制装置的结构

图 2.5 为钢轨电位限制装置前视图(控制面板)、前视图(无门、无盖板)、侧视图(无盖板)。

该装置的各部件组成了一个密封的开关柜。其构架和开关柜的侧面、正面和顶部均由钢板构成(保护等级:IP40)。开关柜底部为打开状态。

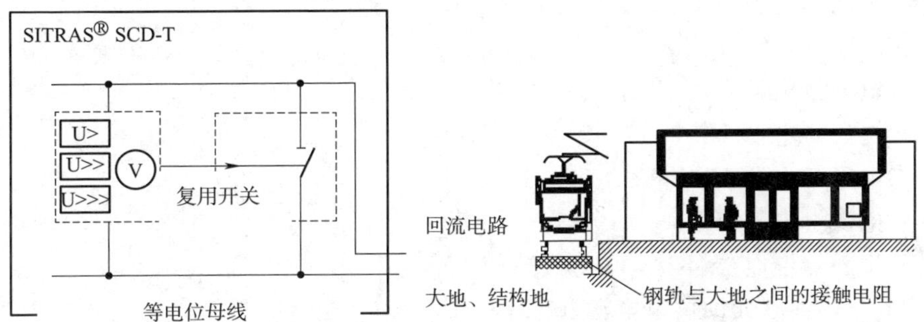

图 2.4　钢轨电位限制装置工作原理

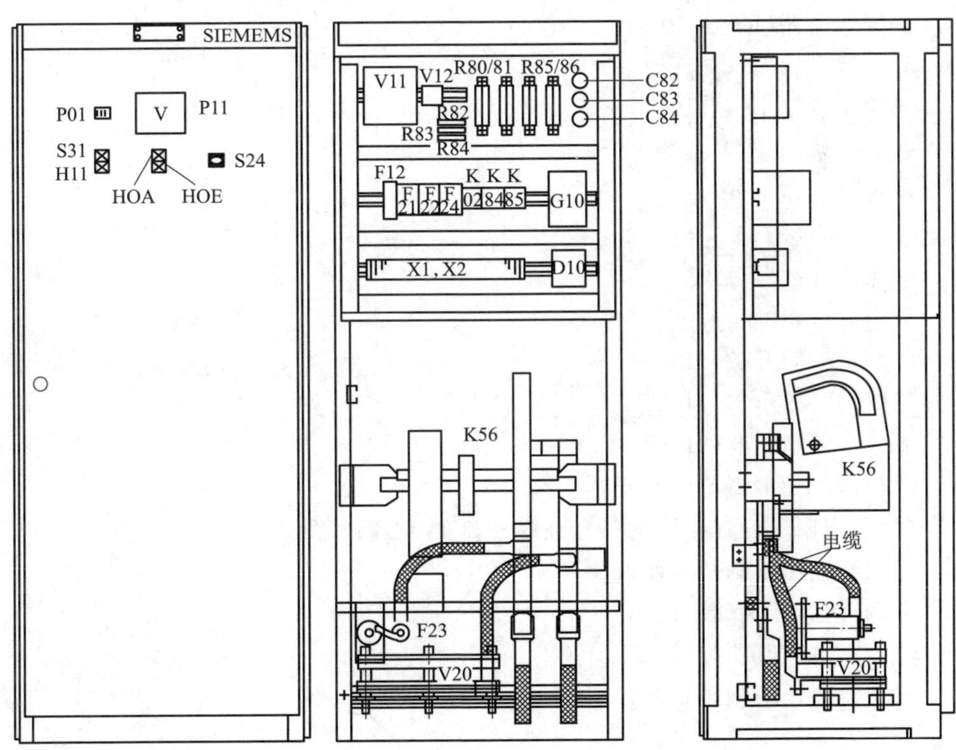

图 2.5　钢轨电位限制装置视图

柜内各元件如下：

(1)功能元件：

①直流接触器(K56)

②晶闸管短路器(V20)

③加热器熔丝(F11)(SITRAS® SCD-T 室外装置)

④230 V 熔丝(F12)

⑤电压继电器 U＞(F21)

⑥电压继电器 U＞＞(F22)

⑦电压继电器 U＜(F24)

⑧电流继电器(F23)

⑨接触器继电器(K02,K84,K85)

⑩24 V 直流辅助供电电源(G10)

⑪LOGO 控制器(D10)

⑫配套的小型整流器(V12)

⑬硅整流器(R80～R86)

⑭电解电容器(C82～C84)

⑮端子排(X1,X2)

⑯电子制动装置

(2)操作、显示元件:

①电压表(P11)

②操作计数器(P01)

③带灯按钮"闭锁/复位"(S31)

④测试控制开关(S24)

⑤"打开"指示器(HOE)

⑥"关闭"指示器(HOA)

⑦"告警"指示器(H11)

(3)下列用于远程告警的信号在端子排的 X2 端子处可获得:

①钢轨电位限制装置断开

②钢轨电位限制装置闭合

③辅助电压监测

④钢轨电位限制装置闭锁

⑤报警信号

每个开关柜均有两个电力电缆端子:回流回路端子,结构地端子。回流回路端子必须与回流回路连接,不论有关接触网或接触轨的电位是正还是负。结构地端子必须与柜体连接(仅室内装置)。结构地端子须与等电位母线相连。

4. 电气控制原理

复用开关由直流接触器 K56 和晶闸管元件 V20 组成,它可将钢轨与大地通过等电位母线短接。

在正常情况下，直流接触器的端头是断开的，即接触器触头是断开的。同时晶闸管元件也处于不导通状态(仅对于带有晶闸管短路器的两代版本)。钢轨与大地之间的电压在电压表 P11 上检测和显示，由电压测量元件 F21、F22 和电子触发器(含晶闸管元件时)来判断电压。原理如图 2.6 所示。

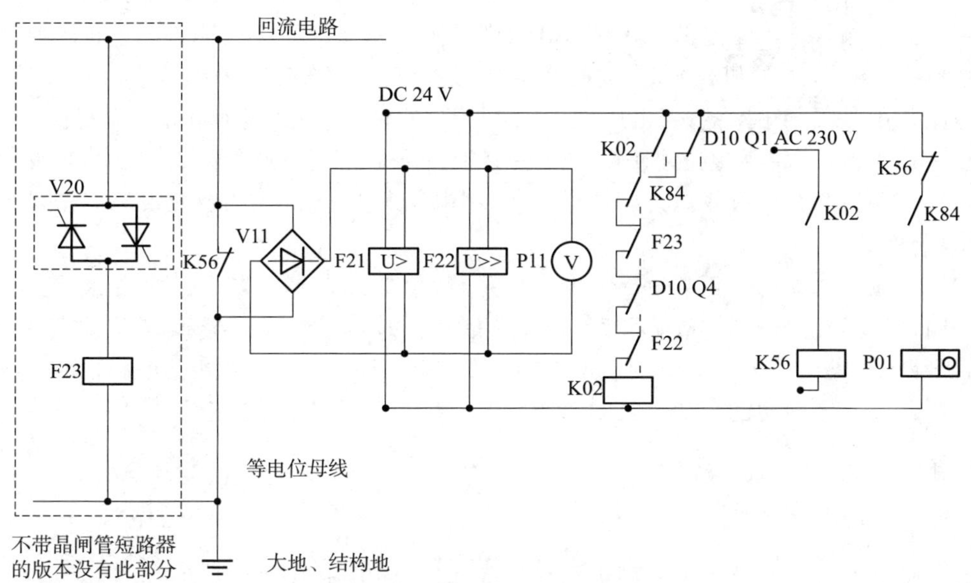

图 2.6　正常情况下(钢轨电位限制装置开断)的回路原理

具有不同的、可调整的整定阈值的电压测量元件：

(1)F21，电压大于或等于 U＞。

(2)F22，电压大于或等于 U≫。

(3)电子制动器(使用时)，电压大于或等于 U⋙。

(4)F23，有电流通过晶闸管元件(若使用)时。

如果走行钢轨与等电位母线间的电压值小于三种电压监测系统的整定跳闸值，在这种情况下，直流接触器 K56 是断开的，即主触头(平时闭合)断开。

如果测得的电压大于或等于 U＞的阈值，这意味着电压测量元件 F21 落下，该装置将会经过一段延时后合闸。这个可调整的延时确保了在短期允许的电压最大值下，不会发生不必要的短路。10 s 之后，直流接触器 K56 再次自动断开，即短路器再次断开。如果当时的电压值小于 U＞的阈值，则钢轨电位限制装置经过一段可调整的延时后再进入正常状态。如果电压值又变得很高，将再次发生短路。此过程一直持续到电压又保持在许可范围内，或短路次数达到预定数字(调整范围为1～n)。一旦达到预设值,短路装即会闭锁。当闭锁时,需按带灯按钮 S31 将其手动复归。

如果测得电压大于或等于 U>>的阈值,这意味着,电压测量元件 F22 落下。该装置将无延时合闸,即在 100 ms 之内合闸。推荐值已预先调整好,可从“预置表”中获得。合闸状态继续保持,当闭锁时,需按带灯按钮 S31 将其手动复归。

如果测得电压超过 U>>>的阈值,则晶闸管元件 V20(在使用时)开通以抵消直流接触器 K56 的机械延时,同时直流接触器 K56 被激活。闭锁状态继续保持。由于采用晶闸管短路器,当电压大于 600 V±50 V 时,短路速度将有显著提高。

钢轨电位限制装置的控制回路采用闭环原理,一旦控制电源发生故障,装置会自动将钢轨与大地有效短接。这样,在控制电源发生故障时,人员及设施安全得到了保障。

直流接触器在非正常情况下发生故障,故障信息在接触器闭合而电压仍存在的时间段里传出,同时“故障”指示器亮起指示。如果直流接触器 K56 因故障而一直开断,在电压大于 600 V 时,此功能由晶闸管元件执行(无晶闸管元件的钢轨电位限制装置无此功能);如果晶闸管短路器发生故障,则阻抗会变低。

2.1.6 单向导通装置

1. 概述

地铁系统的钢轨不但起到列车导轨的作用,同时还起到回流轨的作用,使列车电流回流至牵引变电所的负极。在负回流电流沿钢轨的传输过程中,由于钢轨与地之间有泄漏电阻,总有少部分牵引电流负回流泄漏至地下,因此在车场、车辆段、隧道、高架桥等特殊地段的轨道上需设置绝缘接头,其目的是尽量减少杂散电流并缩小杂散电流影响的范围,从而减小杂散电流对结构钢筋的腐蚀。在采用绝缘接头的钢轨部位,有列车运行时,为了保证回流电流的正常流动,必须采用单向导通装置,其接于地铁轨道设置的绝缘接头处,用于连接绝缘接头两端的钢轨,使钢轨中电流只流通一个方向而在另一个方向截止,有效防止钢轨电流因部分钢轨绝缘水平较差而增加整个地铁杂散电流泄漏的数量。因此,一般在正线与停车场线路走行轨之间、停车场各电化库的库内线路与库外线路走行轨之间安装单向导通装置。停车场与正线钢轨之间的单向导通装置将停车场与正线的钢轨回流隔离,阻止正线钢轨回流流入停车场,而停车场内的钢轨回流通过单向导通装置流入正线钢轨回流系统。停车场停车库与道场钢轨间的单向导通装置将停车库与道场钢轨隔离,阻止道场钢轨回流流入停车库内,而停车库内的钢轨回流通过单向导通装置流入道场钢轨回流系统。

为保证地铁正常运行,在单向导通装置的进出线上,设有隔离开关作为单向导通装置的一部分。当单向导通装置的二极管出现故障和检修时，合上隔离开关使绝缘接头两端钢轨导通，保证负回流回路的畅通，地铁运行不受影响。同时，隔离开关还有在地铁直流供电系统特殊运行方式下连通钢轨的作用。当停车场牵引站退出运行时，开闭装置才投入运行。

列车在特殊情况下紧急制动时首先采用再生方式，如果无其他列车吸收产生的再生电流，列车会自动将弓压抬高一直到 1 800 V。由于钢轨上有绝缘接头及单向导通装置，使得列车产生的再生电流在钢轨上无法流通，只能从绝缘接头一侧钢轨泄漏再返回至绝缘结另一侧钢轨，从而导致绝缘接头两端钢轨产生高达上千伏的电位差，可能产生人身伤害事故。为此，在部分单向导通装置的二极管两端并联放电间隙，当钢轨绝缘接头两端大于 1 000 V 时，放电间隙击穿，提供一个电流通路，从而避免人身伤害事故的发生。

单向导通装置的主接线方式如图 2.7 所示。

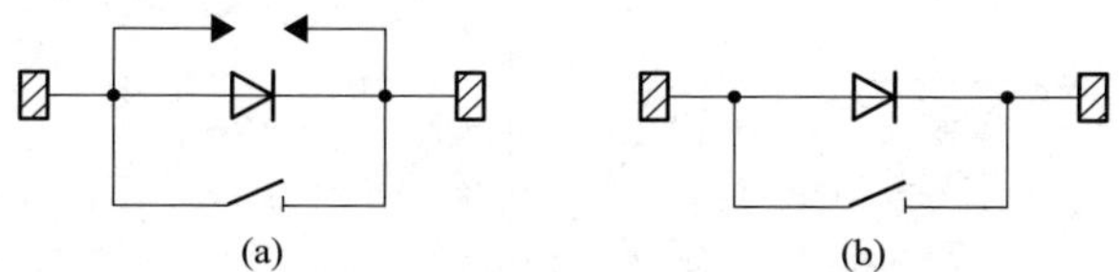

图 2.7　单向导通装置的主接线方式

2. 结构及原理

下面以 DDZ-1 型单向导通装置为例进行介绍。

单向导通装置箱体由主体部分和防雨帽两部分焊接而成，外壁由不锈钢板焊接内衬保温材料而成，能有效阻止外界冷暖空气的影响。箱体底部的电缆进线孔同时又是进风孔，它与防雨帽下部的排风口形成一个空气通道，可以将电缆沟中的冷空气吸入箱体，同时将箱体内由于导体发热产生的热空气排出箱外，使箱体内温度保持在一定范围内。

主回路由八个二极管并联组成，在二极管两端并联一台额定电压 1 500 V、额定电流 3 000 A 的直流隔离开关。在每个二极管支路均串有一个带辅助接点的快速熔断器和一个分流器，它们与二次仪表室中的信号装置共同组成了信号采集、分析和输出系统。快速熔断器与并联在每个二极管两端的压敏电阻、RC 回路共同组成了保护系统。

在正常运行情况下隔离开关处于分闸位置，电流通过二极管流通。如果单向导通装置各支路工作均正常，信号采集装置采集到的是正常工作信号；如果出现了短路或其他异常信号情况，使快速熔断器或二极管受到损坏，这时信号采集装置采集到的是故障信号，信号装置将根据实际情况发出短路或断路故障信号。

信号装置是单向导通装置的重要元件，同时检测八个支路的运行情况。当一个支路或几个支路发生故障时，该仪器发出信号，并将信号保持到人为复位时停止。仪器内部采用微处理器控制，具有设计先进、检测分辨率高、测试稳定、抗干扰能力强及操作简便等特点。

放电间隙装置是单向导通装置的选用元件，由放电间隙和旁路开关两部分组成。放电间隙由上下电极、磁吹线圈和铁芯组成，它们结实地组装在支持绝缘子上面；旁路开关由动、静触头和操作电磁铁组成，它们安装在一块环氧玻璃布板上。放电间隙装置原理接线如图 2.8 所示，结构如图 2.9 所示。

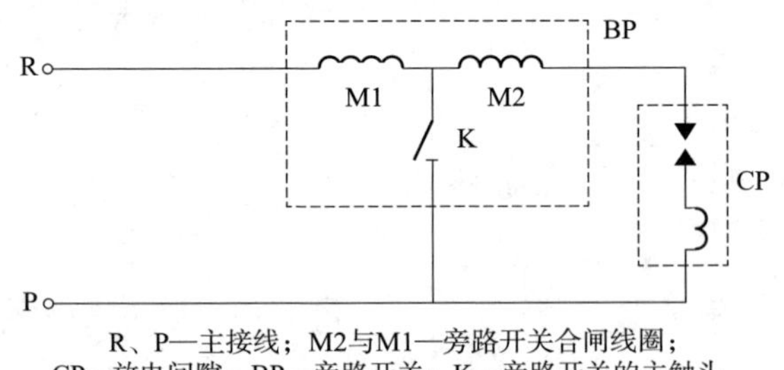

R、P—主接线；M2与M1—旁路开关合闸线圈；
CP—放电间隙；BP—旁路开关；K—旁路开关的主触头。

图 2.8 放电间隙装置原理接线

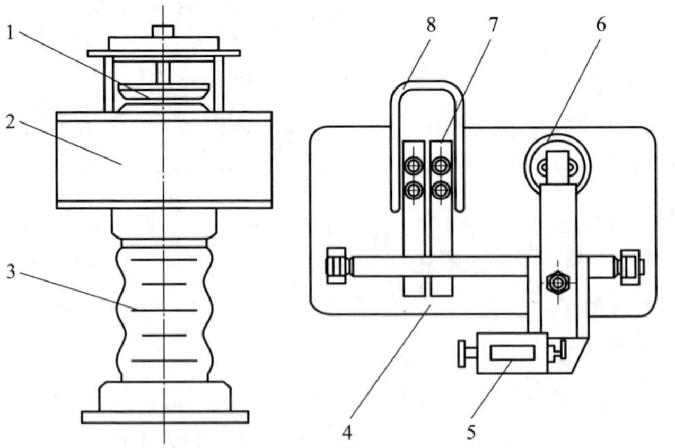

1—环形间隙；2—磁吹线圈；3—支持绝缘子；4—环氧玻璃布板；5—计数器；
6—M1、M2线圈；7—直流接触器主触头；8—灭弧罩。

图 2.9 放电间隙结构示意

放点间隙动作原理：当列车进行再生制动，绝缘接头两端钢轨电压升高到一定值(1 000 V)，放电间隙击穿放电，回路 R—M1—M2—CP—P 内有电流流过，钢轨电压降低，避免人身事故发生。当回路 R—M1—M2—CP—P 电流值达到 200 A 时，由于 M1＋M2 的作用使旁路开关闭合，旁路开关合上后 R—M1—K—P 回路接通，将放电间隙短路，由 M1 保持旁路开关的闭合。在 M1 中流过的电流减小到 50 A 以下时，由于其产生的电磁力不足以保持旁路开关闭合，旁路开关打开。

2.1.7　杂散电流防护

1. 杂散电流的产生与危害

(1)杂散电流的形成

在直流牵引供电系统中，接触网与牵引变电所的正极连接，走行轨兼作负回流线，与牵引变电所的负极连接。在地铁运行时，走行轨中流过电流，在走行轨自身电阻上形成对地的一个电位分布，使走行轨中的一部分电流通过过渡电阻(走行轨与排流网之间的过渡电阻和排流网与主体结构钢筋的过渡电阻，直流牵引系统的回流示意如图 2.10～图 2.12 所示)，向道床、主体结构钢筋泄漏，并在一定的地方流回走行轨和牵引变电所的负极。泄漏到道床及主体结构钢筋的电流就叫作地铁杂散电流，又称地铁迷流。

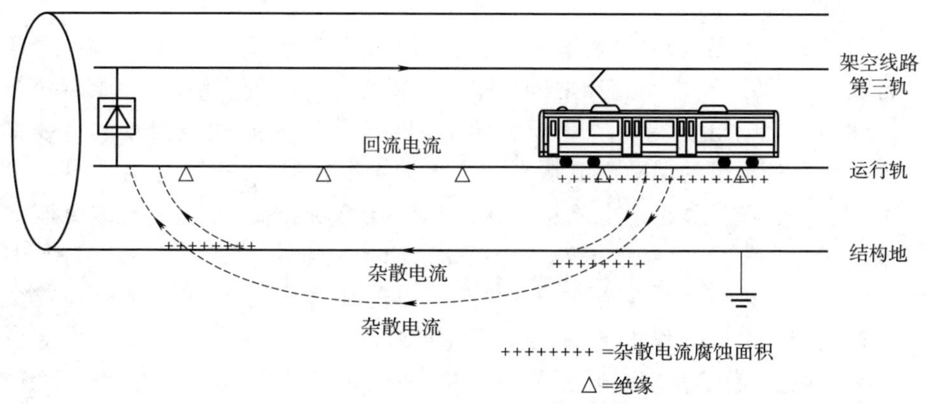

图 2.10　直流牵引系统的回流示意(隧道)

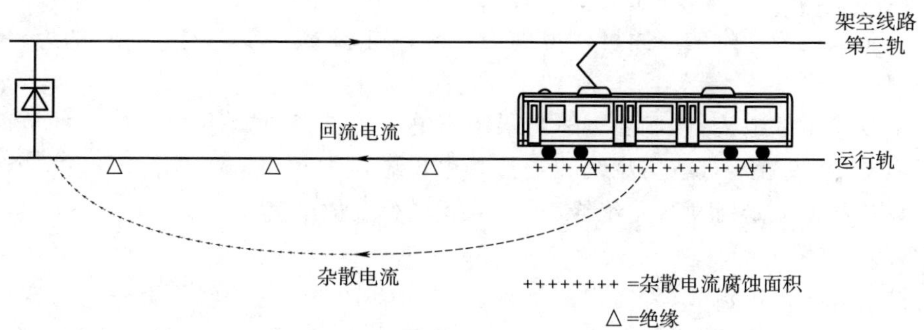

图 2.11　直流牵引系统的回流示意(地面)

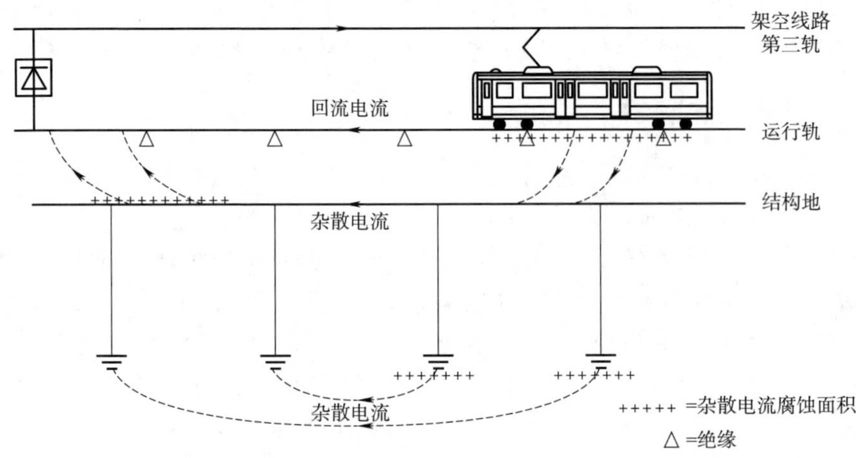

图 2.12　直流牵引系统的回流示意(高架)

(2)杂散电流的危害

杂散电流在流出主体结构钢筋和其他金属管线处会产生电化学腐蚀,尤其地铁运行很多年后,走行轨与道床之间的绝缘扣件老化或者外表沾污,使走行轨与排流网之间的过渡电阻变小,则杂散电流增大,日积月累,造成比较严重的腐蚀。当地铁列车所在处附近的杂散电流从走行轨流向金属体时,使金属体对地电位形成阴极区;在变电所附近,杂散电流从金属体流回走行轨和变电所,金属体对地电位形成阳极区。在阳极区,杂散电流从金属体流出的地方将出现电解现象,这种电解现象导致金属体被腐蚀。轨道交通本身和附近的金属管道,各种地下电缆或金属结构件在长期的电腐蚀作用下,将受到严重的损坏。

若杂散电流流入电气接地装置又将引起过高的接地电位,使某些设备无法正常工作。由此可知,杂散电流及其影响是亟须重视的专门问题。

2. 减少杂散电流的方法

从杂散电流产生的原因可以得到治理的方向,即按照“堵—排—限”的思路。

(1)“堵”

即减少杂散电流量,可通过适当限制供电区段长度,减小供电区段内的负荷和走行轨电位,设置走行轨均流线和走行轨电位限制器也可降低走行轨电位。直流供电设备和回流走行轨采用绝缘安装,从而减少杂散电流。

(2)“排”

即设置杂散电流收集网,逐层屏蔽。利用杂散电流的首经通路——道床内的结构钢筋,将钢筋良好连通形成第一道屏蔽网,防止杂散电流向道床外部泄漏;利用隧道结构钢筋连通形成第二道屏蔽网,既保护自身受到腐蚀,又防止杂散电流向隧道外部泄漏，避免危及市政公共设施。另外在牵引变电所内设置排流装置，构成排流通路。

(3)“限”

包含两层意思：走行轨与地绝缘越好，杂散电流也就越小，为此在走行轨与混凝土轨枕之间、紧固用螺栓与混凝土轨枕之间、扣件与混凝土轨枕之间采取绝缘，要求每公里轨道对杂散电流收集网的泄漏电阻值大于10 Ω。

对于车辆段走行轨对道床的泄漏电阻较低，杂散电流较大的区段，设置单向导通装置，限制杂散电流的扩散。

对隧道内的金属管线和其他金属设施采取材质选择和对地绝缘等措施，限制杂散电流向其泄漏。

3. 轨道交通减少杂散电流的技术措施

牵引回流系统(包括附属杂散电流防护设施)主要由走行轨、负回流线、上下行均流线等组成。理论和工程实践都已证明：抑制杂散电流首先要保持牵引回流回路的畅通，减小回路电阻，同时应设法尽量增加走行轨与道床的过渡电阻。为此采取下列措施：

(1)减少杂散电流的供电措施

①选择较高的直流牵引供电额定电压，以减少牵引电流和杂散电流。

②采用杂散电流较小的双边供电方式。

③尽可能减少走行轨间的接触电阻或增加附加回流线。

④尽量提高走行轨对地的绝缘程度。

⑤尽可能远离或避免平行设置地下金属管道、电缆等，并对其采用适当的防腐措施。

⑥采取各种排流措施，如极性排流、阴极保护等保护措施。

(2)地面段及车辆段减少杂散电流措施

①地面段轨道采用带绝缘扣件的混凝土轨枕。

②为减少回流走行轨的电阻，一般采用长走行轨。

③所有通向地面的金属管道和电缆等，均加装绝缘管和绝缘接头。

④与地面轨道(直流牵引用回流走行轨)平行埋设的金属管道，进行防腐处理和绝缘处理，并应离轨道3～5 m铺设。

⑤车辆段内检修库房屋金属构件和轨道要构成电气连接，并接地(接地电阻0.5 Ω)，同时库内外轨道要绝缘分段。

⑥由轨道交通区间至敞开段的回流轨道，由正线进入车辆段的轨道和车辆段至正线的轨道要进行绝缘分段。

(3)隧道区间减少杂散电流措施

①采用长走行轨,减少回流走行轨阻抗。

②轨道与混凝土轨枕间,紧固用螺栓与混凝土轨枕间,扣件与混凝土轨枕间采用加强绝缘的措施。

③在道床内,用钢筋纵、横向焊成杂散电流收集网。收集网绝对不能与主体钢筋相连。

④轨道交通车站、变电所内的交直流高压开关柜、变压器、动力照明箱、电动机、水泵、直流 1 500 V 牵引用变压器、直流柜、整流设备、车站电缆桥架、自动扶梯等全都采用绝缘法进行安装(与主体钢筋绝缘),以上设备均单独从接地排引绝缘接地线,进行接地保护,严禁将主体结构钢筋作为接地线与电气设备相接进行接地保护。

⑤接地极和引入车站、变电所接地线应与车站、变电所等建筑物的主体结构钢筋绝缘,并需对每个引入点结构孔洞进行绝缘和防水处理。

⑥每个轨道交通车站只能有一个接地点,接地极应选择耐腐蚀的材料。

4. 设备对杂散电流的防护措施

上述各种技术措施能使杂散电流大大减小,但仍旧免不了有一小部分杂散电流从混凝土道床流到隧道结构内的金属导体上,若不采取措施这部分杂散电流会使金属导体产生腐蚀。因此,还应对各种设备采取减少杂散电流的防护措施。

(1)采用排流柜

排流柜是收集地铁杂散电流的设备,主要由隔离二极管、分流器、隔离开关、电流表等元件组成。排流柜接于牵引站 1 500 V 直流负极与大地集流网之间。二极管起限制电流方向的作用,使电流方向始终由集流网流向牵引站的直流母线。这样就起到收集杂散电流的作用,也就是排走了流入大地的电流。

分流器与电流表的量程相匹配,直观地反映了回流的数值及排流设备的工作情况。

排流网是由纵横交错按一定距离间隔由金属件构成的立体网,安装于道床的下方,杂散电流能通过排流网流回牵引站的负母线。

(2)电缆桥架的防护

地铁工程采用金属电缆桥架,要求桥架每个支架对隧道本体结构钢筋之间的绝缘电阻不小于 10 kΩ。为此,支架固定时采用绝缘膨胀螺栓。

(3)动力、照明配管的防护

地铁的动力、照明配管全部采用阻燃 PVC 管,从而避免杂散电流对保护管的电腐蚀。

(4)车站给排水管道的防护

①进入车站的所有给排水管道在进入车站前应加入一段 2 m 长的绝缘管进行绝缘隔离，绝缘管设在车站外侧，离主体结构 150 mm。

②出地铁区间的给排水管道应加装一段 2 m 长的 UPVC 塑料绝缘管后，才能引出地面，绝缘管应设在干燥和易于查看检修的地点。

③从水泵接出的水管在水泵处加装一段短绝缘管，使水管系统与水泵—电动机组在电气上绝缘。

④区间隧道的给排水管在电气上要连通，并且在有变电所的车站将水管两端接至接地极。

⑤穿越道床的给排水管用 UPVC 塑料绝缘管。

(5)车站环控系统的防护

①安装在金属风门上的电气装置应采用绝缘法安装。

②安装在同一台金属机座上的电动机、风机组，在安装时应利用橡胶装置进行绝缘。由风机引出的金属送排风管道要加一段绝缘风管，使风管系统与电动机、风机组在电气上绝缘。

(6)地铁明挖车站、矩形隧道以及圆形隧道主体结构的防护

①地铁明挖车站和矩形隧道主体结构钢筋应作电气连接。

②地铁圆形隧道各环管片内钢筋在环向和纵向要求构成一个电气连接回路。

(7)其他防护

电缆铠装只准外端接地；PE 线不得重复接地；地铁车站、变电所内的交直流高低压开关柜、变压器、动力照明配电箱等全部采用与主体结构钢筋绝缘的安装方法，并单独从接地排引绝缘接地线进行接地保护。

5. 杂散电流的监测

在供电系统中，在轨道交通的沿线设置了专门的防蚀监测点进行杂散电流的监测，并定期对监测点进行检查维护。

(1)杂散电流监测系统的建立

①监测系统一般由参比电极、测量端子、传感器、传输信号电缆、数据处理单元等组成。主要元件的功能为：

a. 参比电极：埋入土壤或混凝土中。为测量的电参数提供一个稳定、统一的基准电位。一般采用 $Cu/CuSO_4$ 参比电极，为了能相互对照，也可再设置一个 Zn 电极。

b. 智能传感器：以单片机为核心的智能数据采集装置，并有一定的存储容量。

c. 数据处理单元：收集传感器信号，并通过接口将信号输送至变电所综合自动化上位机。

②监测点位置的确定：

a. 根据对走行轨阴极、阳极区的分析，监测点应设于整流站的附近和供电区段中点。

b. 根据对杂散电流的普遍检测要求，监测点应沿线路均匀分布。

c. 为管理和维护方便，监测点应设于沿线车站，监测点首先应设于每个车站两端，并根据区间长短在区间设置1～2处。

(2)杂散电流监测装置

在监测点处，上下行道床上各设两个参比电极，侧墙设两个参比电极，并穿越洞壁打入土壤，穿越部位应做好防水处理。将参比电极以及道床、隧道洞体、走行轨测量端子通过测量导线引入当地接线盒的传感器，测量信号再经测试电缆引入车站变电所内的数据处理单元。该单元一方面具备当地测量功能，以便移动测试装置随时检测；另一方面具备测量信号传输功能，将信息通过上位机进入远动系统向控制中心传送。CD-Ⅰ型监测点接线盒是一种常见的杂散电流监测装置。

2.2 列车牵引供电系统

2.2.1 地铁列车主回路概述

地铁列车主回路将“电力传动车辆”产生牵引力和制动力的各种电气设备、电机、电子设备连成一个电系统，实现地铁列车的功率传输，是地铁列车最重要的组成部分之一。直—直电传动装置，采用斩波器调压的控制方法，和传统变阻调压相比具有节能、容易维修和连续、平滑可调的特点。直—交电传动装置，和直流电传动相比，在技术上具有很大的先进性。

主回路应满足车辆启动、调速和制动三个基本工作状态的要求。启动、调速及制动三个基本要求是通过车辆主回路、控制电路和辅助系统共同作用实现的，它是车辆电传动系统必须达到的基本任务，调速更是三种运行工况的共同基础，因为车辆牵引时需根据不同的运行条件来调节车辆的速度，为了充分发挥车辆的功率，就要求车辆能在不同的线路和荷载条件下改变牵引力，因此车辆主回路工况必须保证牵引电动机的转矩和转速都可以进行调节，且有宽广的调节范围。

牵引逆变器安装在地铁列车底部，其主要功能是为两个动车转向架上的四个牵引交流电机提供电源。列车牵引逆变器由主逆变器及制动电阻两个部分组成。

主回路由输入电路(避雷装置、高速断路器)、滤波器(线路电感、线路电容器)、预充电网络(预充电接触器和预充电电阻器)、线路接触器和电源逆变器、制动斩波器、三相交流驱动电机和保护装置等组成。每一动车(B车或C车)除避雷器、高速断路器、制动电阻器和牵引电动机外，其余均集中装置在一只牵引箱内。

逆变器的开关器件 GTO(4.5 kV、3 kA)和续流二极管构成逆变器相模块，制动斩波器的开关器件 GTO(4.5 kV、3 kA)和续流二极管构成制动模块。

由受电弓接入线网 1 500 V 的电流进入主回路，滤波电路是为平抑逆变和斩波造成的电网电压、电流的波动和减少谐波。逆变电路的六个相模块组成的逆变桥进行 VVVF 变换，在牵引时将直流电逆变成三相交流电，供牵引电机启动、加速。制动时，电动机转换成发电机状态运行，将车辆所具的动能转变为电能，由逆变桥将三相交流电整流为直流电，再生制动，通过受电弓送至电网。当不能再生馈电时，通过制动斩波器，将电能消耗在制动电阻上，转化为热能散发。

由于 VVVF 逆变、斩波部分采用 GTO 自动关断器件，省去了线路复杂、体积较大的强迫换流电路，既可以减小装置的体积，又能够降低开关损耗，提高效率。

2.2.2　车辆主回路的构成

1. 直流牵引主回路的构成

直流牵引主回路由以下三部分构成：

(1)线路滤波

线路滤波主要由线路电抗器和线路电容器组成，它的作用是减少外界因素和触网电压波动突跳等对主回路的影响，使主回路得到一个平稳的电源电压。同时也是为了减少由于电压、电流波动对周围通信、信号等设施的干扰。

(2)主电路

主电路主要由两串两并四个直流牵引电机组成，它的作用是建立牵引工况、制动电路工况和设定电机的转动方向。

(3)斩波器

斩波器主要由主晶闸管、大功率可关断晶闸管、电阻制动晶闸管、续流晶闸管、短路晶闸管、短接串联降压电阻晶闸管、接通串联降压电阻二极管组成。斩波器的作用是在电机启动时，调节电机两端电压来满足电机电流恒流启动要求；在电制动时，能实施再生反馈制动或电阻制动。

2. 交流牵引主回路的构成

(1)供电系统

供电系统由一个线路接触器、两个预充电电阻、一个预充电接触器和一个线路电感组成。当接通电源后，系统首先通过预充电接触器和预充电电阻为直流连接电路中的线路电容进行充电。由于预充电电阻的作用，这时充电电流非常小，电容两端的电压上升比较缓慢。

当电容两端电压达到线路电压 90%时，线路接触器吸合，预充电接触器分开，这时电源直接对电容进行充电。当电容两端电压达到线网电压时，直流连接电路的电压达到稳定状态。在充电过程中，线路电容两端电压的变化过程如图 2.13 所示。

供电模块中的线路电感和中间直流电路中的线路电容一起组成主逆变电路中的 LC 滤波电路，以消除电源中的谐波电流，使输入的电流比较平稳，还可以防止牵引逆变器工作在短时过压状态。如果直流连接电路及后级电路出现故障，系统一方面可以通过线路电感抑制电流上升，可以通过关断线路接触器和预充电接触器，使后级电路与电源分离。另一方面可以防止电源受到过载冲击，保护后级电路其他未损坏的部件，防止故障扩散。

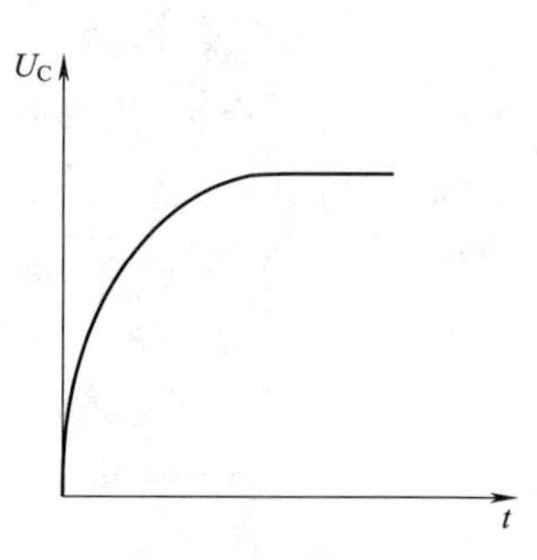

图 2.13 线路电容两端电压变化过程

(2)直流连接电路

直流连接电路由两个电容、一个放电电阻和短路晶闸管组成。直流连接电路中的电容能稳定电压，吸收交流分量，并和线路电感组成线路滤波器。

同时，根据交流电机工作的数学模型可得：视在功率为 $S=\sqrt{3}U_{线路}I_{相}$，无功功率为 $Q=S\sin\varphi$，有功功率为 $P=S\cos\varphi$。

可以看出，交流电动机工作时的功率实际由有功功率和无功功率两部分组成。一部分由电源提供，另一部分需要由电容为交流牵引电动机提供无功功率，即为整个逆变电路提供功率匹配。

当中间直流电路电压过高时，系统首先将供电模块中的接触器关闭，使之与电源分离，然后，通过触发保护晶闸管，使电容对放电电阻进行放电，降低电容两端的电压。

(3)电阻制动电路

电阻制动电路由制动控制模块及制动电阻组成。在电制动的时候，牵引电机产生的制动能量可以通过两种途径消耗：

①再生制动。如果线网可以吸收能量，例如线网电压最高限额还没达到，制动能量可以反馈至线网。

②电阻制动。如果线路不再能吸收能量(线路电压太高)，制动电阻电路受制动控制模块的控制，制动能量将被转换成热能消耗在制动电阻上。制动控制是周期性的，这样可以保证直流连接电路稳定。如果牵引系统的消耗大于由制动能量转换成的电能，直流连接电路将会处于放电状态，在这种情况下，系统将结束电制动。制动电阻可以达到机械制动的水平，但不能完全让列车停止，在一定的速度

下，牵引电机无法产生能量时，制动电阻也就失去了制动的目的，这时列车需要机械制动来降低速度。

(4)制动电阻

制动电阻虽然是牵引逆变器系统的一部分，但并不安装在牵引箱内，而是独立安装在列车底部。

地铁列车制动电阻采用条形电阻，由六个框架组成，集中在一个箱子中。来自牵引电机的电制动能量通过牵引逆变器在制动电阻上转换成热能。由于在消耗电制动能量时，电阻会产生较高的温度，所以通过装在进风口的通风风扇对制动电阻进行强迫通风冷却。在通风风扇的风道中安装有压差传感器及温度传感器，通过对通风流量及温度的检测，可以监控通风风机工作情况，以防止制动电阻因温度过高而受到损伤。

(5)逆变电路

脉宽调制型逆变器由三个相模块组成。逆变器逐相导通，在输出端形成三相电压系统，将中间连接电压供给牵引电机。逆变器输出的频率及电压幅值是可以调整的，相电压最大的幅值取决于中间电路电压，输出电压的幅值可以通过调整开关时钟的宽度来调整。输出电压波形的频率与逆变器输出频率是一致的。

一个逆变单元由六个开关型半导体元件组成，在地铁逆变器系统中采用GTO管。GTO为门极可关断晶闸管，每个GTO管两端并联一个续流二极管，用来维持电机电流的流动。对于交流电机的三个相，每两个GTO和两个二极管组成逆变器相。每一个逆变相都连接着直流连接电路的正、负极，中间的引出端连接电机的一相。

2.2.3　主回路的故障检测与保护

当外界或主回路内部发生过压、过载和短路等情况时，需要对主回路进行保护，迅速切断有关电路，以防止故障扩大，避免损坏各处电子、电气设备或造成其他意外情况，因此对于可能发生的各种故障应该有相应的电气保护系统。电气保护系统通常包括两方面的内容：故障的检测、故障的保护和排除。

1. 故障的检测

保护系统应及时检测到故障的信号，经过必要的放大、比较等装置，输入到执行机构。

2. 故障的保护和排除

根据故障的性质，执行机构及时切断有关电路，使故障不致产生人身或各种设备的伤害。下面将主要对上海地铁列车主回路的短路过电流、过电压保护进行简单介绍。

(1)主电路过电流保护

主电路过电流主要是由电气设备的过载、短路等情况引起的，上海地铁列车主回路的过流短路或过载保护除了有高速开关之外，另外当主回路中电枢电流传感器 $1U_3$、$1U_4$ 检测到主回路电流过高时，车辆控制单元 TCU 将自动封锁，并通过主接触器的分断强行断开主回路，以达到保护主回路的目的。

(2)过电压保护

运行在触网下的列车不仅有内部电压，而且还可能遭受外部过电压的袭击。为了免受内、外过电压的损坏，特别是过电压对列车电气设备中最脆弱的电子元件的损坏，列车上都有较完善的过电压保护装置。

外部过电压主要是指雷击或供电(触网)系统过电压，当它以雷击形式出现时，通过触网和受电弓进入列车，据测，它可能引起幅值达几百万伏的短时冲击过电压，为此在上海地铁列车主回路的受电弓下面装有避雷器 $1F_1$，使列车受电弓在遭到雷击时得到保护。

内部过电压来自列车电机、电子器件内部，上海地铁通过电压传感器 $1U_2$ 来监控电压，当发生过电压时，车辆控制单元 TCU 将自动封锁，同时斩波器也有硬件保护，以保护斩波器中的有关电子元件。

(3)高压回路接地保护

高压回路接地保护是由启动传感器 $1U_1$(检测装置)来监控从受电弓流进高压电路的电流与高压电路回流电流，但它们的极性是相反的，当高压电路中出现接地时，则流进电流与回路电流有差值出现。此时车辆控制单元 TCU 检测到这一信息将自动封锁，切断高压电路。

2.2.4 受流器(受电弓)

受电弓升起时滑板与架空线接触，将电流引入列车内。列车运行时，滑板沿架空线滑动并保持良好接触。

受电弓的受流性能在很大程度上取决于接触压力。在静止状态下，接触压力与受电弓高度之间的关系称为受电弓的静特性。列车运行时，受电弓随着架空接触导线高度的变化而上下运动。因此，接触压力不但与受电弓的静特性有关，而且与受电弓上下运动时的惯性力(即受电弓的动特性)有关。此外，受电弓结构各关节的摩擦力对接触压力也有影响。

根据受电弓的工作特点，其传动装置还应使升降弓过程中初始运动迅速，运动终了比较缓慢。受电弓技术参数见表 2.1。

表 2.1　受电弓技术参数

项目	参数
长　　度	(1 100±2) mm
宽　　度	1 700 mm
升弓高度	2 835 mm
折叠高度	(300+10) mm
滑 条 长	1 050 mm
质　　量	230 kg
接触压力	120 N
额定电压	DC 1 500 V(DC 1 000 V～1 800 V)
额定电流	1 500 A
启动电流	1 860 A(30 s)
短时电流	2 500 A

1. 受流器的原理和特性

受流器由受电滑板、活动构架和带传动机构的底架组成，各部分作用见表 2.2。

表 2.2　受流器组成部分的作用

受流器组成部分	作　　用
受电滑板	接受接触网的电能，并能自动地调整与接触导线的位置；接触滑板应便于更换
活动构架	保证受流器经常处在工作高度内，使滑板对接触导线保持一定的压力，不脱弓也不刮弓
带传动机构的底架	供受流器安装和升降传动之用

为了使受流器接触可靠且升降时不产生冲击，在接触网高度允许变化的范围内，要求受电滑板对接触导线有一定的接触压力，并且在升弓时滑板离开底架要快，贴近接触导线要慢，以防弹跳；在降弓时脱离接触导线要快，落在底架上要慢，以防拉弧和发生冲撞。

(1)动作原理

受电弓升弓时，气缸连通气源，气缸活塞克服降弓弹簧反力，推动传动杠杆，使之与活动构架脱扣，在上举弹簧作用下升弓。当接触导线高度变化时，靠上举弹簧和受电滑板机构保证滑板和接触导线接触良好。降弓时，气缸和气源断开，压缩空气经电磁阀排气，降弓弹簧拉动杠杆而落弓。为了调节升降弓的速度，可在气缸的进气和排气道上设置调节螺钉。

滑板受流的稳定性由其弹性托板机构来保证。当接触导线高度在小范围内变化时，滑板下的四连杆也随之上下移动，同时借滑板下的左右弹簧，保证滑板可顺导线运动，使之与接触导线接触良好。

由于单臂弓比双臂弓结构简单，因而得到了广泛应用。

受电弓不但能升降，而且有回转性能。当气缸推动带有特殊槽口和斜面的滑块往复移动时，卡在槽口中的杠杆带动回转机构旋转 90°，滑块斜面使与之连接的拉杆上下升降。这种结构还能在“挂弓”后复归到原来位置。

(2)静特性

静特性是指受流器滑板对导线的接触压力与滑板距底架高度的关系。由于转轴和铰链处存在摩擦，导致上升与下降两根曲线上的接触压力相差近两倍摩擦力。设计时应尽量减少摩擦力，使这两根曲线靠拢。

(3)动特性

受流器受流的稳定性不仅取决于受流器的静特性，也取决于它的动特性。动特性取决于受流器在垂直方向的加速度及其活动部分的质量，加速度是因接触导线高度的突然变化所引起的。为了改善动特性，应尽量减少受流器本身活动部分的质量。

2. 受流器的基本结构

单臂受电弓如图 2.14 所示，其结构如图 2.15 所示。底架通过四个支持绝缘子安装在车顶上，支持绝缘子起电气隔离和机械支撑作用。集电头上安装四个滑板，滑板两端的弓角可防止在接触网分叉处接触导线进入滑板底下，造成刮弓事故。弓头是受电弓与架空导线接触的部分，主要由滑板(碳条)、转轴、弓角、弹簧盒组成。上部导向杆可调节弓头接触面的位置。

图 2.14　单臂受电弓

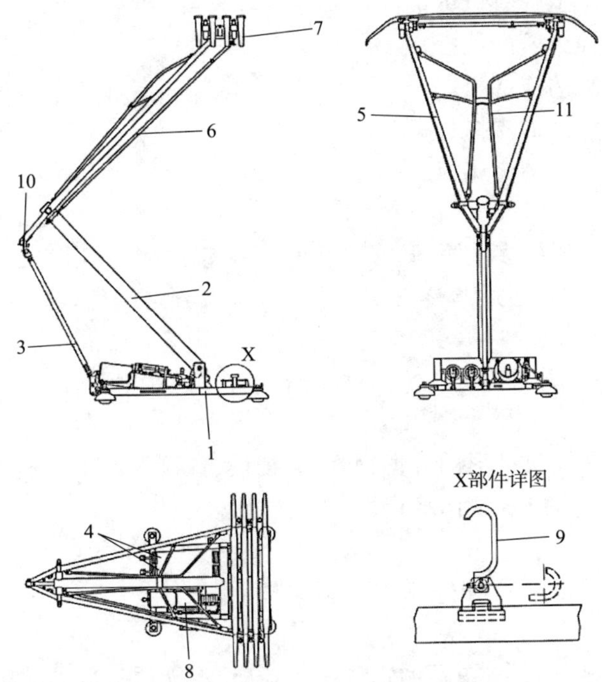

1—底架；2—下臂杆；3—推杆；4—升弓弹簧；5—上部杠架；6—上部导杆；
7—滑板；8—传动气缸；9—落弓固定钩；10—活动接头；11—支撑架。

图 2.15　单臂受电弓结构

(1)底架

底架是严密焊接的，用方形管子、型钢和冷成型钢板制成。底架包含用于低位支杆的支撑底座、用于低位导杆的支撑空隙、用于气路装置的附件，还有缓冲支撑和用于手动锁扣的附属板。

安装于底架上的电气连接端及避雷器阴极座上均镀铜。

(2)绝缘子

底架安装在四个可用于 3 000 V 触网电压的支撑绝缘子上。这种绝缘子由加玻璃纤维的聚酯制成，它们两端配有镀锌钢制成的 M20 压入式螺母，用于底架和车顶之间的固定。

(3)骨架

骨架是一种铰接的多边形，当集电头移动时沿稍微弯曲的垂直线运行。

(4)低位支杆

低位支杆由若干无缝冷拉精制钢管焊接而成，承受低位支杆轴和中央铰接点的轴承。底部轴承由密封摆式滚珠轴承组成，中央铰接点轴承由密封滚针轴承组成。在低位支杆轴上焊有以下部件：

①用于主拉伸弹簧的拉杆；

②用于跨接线的连接板；

③用于上部导杆的支撑板；

④用于气缸固定的金属板。

(5)低位导杆

低位导杆用来操纵多边形，该导杆由精制钢管制成。导杆长度能通过旋转芯轴到左边或右边微调，通过调整长度低位支杆被调到最低位(静止位)。

(6)高度止挡

高度止挡(最大升弓高度)位于低位导杆的上端，在中间部分。

(7)上部支杆

上部支杆由密焊成锥形的方形钢管、止挡板、铰接点和钢制连接板组成。由于斜杆使上部支杆具有高度横向稳定性。

(8)斜杆

斜杆由精制钢管构成，并安装在上部支杆上。

(9)上部导杆

上部导杆控制集电头，由精制钢管制成，其长度能通过旋转芯轴到左边或右边微调。

(10)集电头

集电头是直接和触网接触的部件。和支杆构件相比，它的质量应尽量降低。

(11)主拉伸弹簧

两只并联的拉伸弹簧操纵低位支杆轴的控制杆。弹簧悬置杆的有效长度通过在铰链部件上的可调螺栓变更，这样可以在整个工作范围内得到恒定的接触压力。

(12)气动升弓装置

带有反向弹簧的弹簧压力制动缸安装在底架上，通过活塞杆和低位支杆轴上的控制杆操纵。

(13)手动锁钩

锁钩用螺栓装在底架上，当受电弓在最低位时能锁住。

3. 受流器控制

(1)受电弓的动作原理

升弓时，当压缩空气经过缓冲阀进入传动气缸后，活塞克服降弓弹簧(气缸内)的压力而向左移动，通过连杆将下臂杆引向上启动，然后下臂杆在升弓弹簧的作用下进行转动，在推杆的作用下，使上部框架升起。降弓时，压缩空气从传动气缸经缓冲阀排出，降弓弹簧克服升弓弹簧的拉力将活塞推向右方，带动拉杆向右移动，强制下臂杆进行转动而迫使框架落下。

(2)气动升弓装置

带有反向弹簧的弹簧压力制动缸安装在底架上，通过活塞杆和低位支杆轴上的控制杆操纵。为升弓到触网，压缩空气进入弹簧压力制动缸，反向弹簧被拉伸，活塞杆缩回。受电弓通过装在底架上的拉伸弹簧的压力升起。通过活塞杆在活塞管内宽松地滑动，在触网上的受电弓升、降不受影响。

落弓时压缩空气减少，气缸中反向弹簧的压力被释放，活塞杆被推出。受电弓克服拉伸弹簧的压力而落弓，并保持在最低位置。

升弓和落弓速度能在每个节流检查阀上调节。紧急情况下，受电弓能通过脚踏泵升起。

①受电弓的主要尺寸

配件尺寸

长度	(1 100±2)mm
宽度	(900±2)mm
最低位时的伸展长度	约 2 450 mm
带绝缘子的升弓高度	最小 2 835 mm
带绝缘子的最低位置	最大(300+10)mm
滑块长度	约 1 050 mm
集电头宽度	约 1 700 mm
质量	约 230 kg

②受电弓的接触压力

120 N(调整范围 100～140 N)

③气动升弓装置的工作数据

工作压力	最小 0.4 MPa 最大 0.8 MPa
调整值	0.45 MPa

④工作时间

升弓	(7±2)s
落弓	(7±2)s

⑤移动速度

最大 90 km/h

⑥电源

网压	DC 1 000～1 800 V
额定电流	最大 1 500 A

启动电流(30 s)　　1 860 A

短时电流　　2 500 A

静止电流　　360 A

⑦最低位指示器的数据

感应接近开关 DC,PNP 在 20 ℃时的技术数据

工作电压　　DC 10～36 V

最大负载压降　　＜2.5 V

负载电流　　250 mA

在 DC 24 V 输入时的电流　　＜10 mA

一般开关距离(未设定)　　15 mm

(在受电弓上被调整到)　　约 8 mm

保护类型　　IP67

第3章　架空式柔性接触网

3.1　架空式柔性接触网的要求及技术参数

上海轨道交通设计适用于列车最高运行速度100 km/h、直流额定电压1 500 V的架空式柔性接触网。

1. 地上线路架空式柔性接触网应优先采用全补偿简单链型悬挂。

2. 正线出入段线及车辆基地的咽喉区段线、车辆基地试车线的接触网应采用由双承力索及双接触线组成的全补偿简单链型悬挂，载流铜当量总截面不小于540 mm^2；车辆基地内其他线路宜采用补偿弹性简单悬挂。

3. 架空式柔性接触网与刚性架空接触的衔接处，应设置刚柔过渡设施；刚柔过渡宜采用切槽式过渡方式。

4. 接触线悬挂高度(距轨面)应符合下列规定：

(1)地上线路的悬挂高度宜为4 600 mm。

(2)车辆基地内悬挂高度宜为5 000 mm，停车列检库的接触网高度宜为5 300 mm、双周双月检库内宜为5 700 mm。

5. 承力索、接触线宜采用恒张力架设，承力索张力1.5 kN，接触线张力15 kN。新建接触网在架设后应进行超拉或其他措施以克服新线蠕变引起的初伸长。超拉完毕后，方可进行悬挂安装。

6. 架空式柔性接触网在直线区段应按“之”字形布置，接触线定位点处的拉出值宜为±200～±250 mm；曲线区段应根据曲线半径、线路超高、接触悬挂跨距、风偏移值选取拉出值，拉出值方向宜拉向曲线外侧。

7. 架空式柔性接触网跨距应根据其悬挂类型、线路曲线半径、受电弓工作宽度、接触线的风偏移值、运营条件等因素确定，最大跨距不应大于50 m。

3.2　支　　柱

3.2.1　按材质分类

1. 预应力混凝土支柱

旋制混凝土支柱(一般称作离心式混凝土支柱)也用于接触网设备，其特点是采用了圆形截面和空中结构，支柱为圆锥形，由顶部到底部其直径增加的比率至少为 15 mm/m。这种旋转处理使之强度达到了标号为 C70/80 的高混凝土强度＝70 N/mm²，近来又提高到标号为 C95/105 的混凝土强度＝100 N/mm²。这种高密度的混凝土可以保护钢筋免遭腐蚀并防止开裂。

混凝土支柱的钢筋可采用传统的钢筋条或高张力的预应力钢丝。这种预应力支柱已广泛应用于铁路领域。钢丝的预应力处理是在旋制混凝土之前进行的。灌注混凝土之后，在铸模的两端将预应力绞线切断，于是在混凝土支柱中产生一种压缩力。在弯曲过程中，这种预应力应该大于混凝土承受拉伸力之前以及随后发生裂纹的力。

离心式混凝土支柱的缺陷包括沿模具分离点处的裂纹，不同长度和宽度的纵向裂纹、横向裂纹和扭转裂纹。

有关各种缺陷调查的结果认为这些故障是由于结构设计缺陷，包括不适当的混凝土厚度和钢筋层、不适合的螺纹钢筋和生产过程中的误操作造成的。厂家采取质量保证措施表明，将不会再发生类似的缺陷，离心式钢筋混凝土支柱可作为长期耐用的部件使用。

实心混凝土支柱是在振动台上生产的。钢筋被排列成矩形箱，向里浇筑混凝土并采用外部振荡器进行压实。因为这种混凝土强度低并采用了实心截面，所以实心混凝土支柱明显比离心式混凝土支柱重。

实践证明，钢筋混凝土支柱已经实现了长期免维修。就架空接触网设备而言，已证明与直埋式基础的连接效果更佳。不过，锚柱要求相对粗大些的截面，如果不能使用拉线，则会略显笨重。

支柱的型号和分类如下：

各个位置的支柱选择也包括在架空接触网系统的设计中。架空接触网系统中几种支柱型号间的差异，诸如中间柱、中锚支柱或锚柱，是根据标准和依照它们的功能制造的。项目工程师对要采用的支柱型号提出一个总体看法，这是根据设计中的架空接触网类型特性数据和静力学计算得出的，将据此进行支柱选择。

预应力混凝土支柱在安装使用之前，混凝土处于受压状态，而钢筋则处于受拉状态。当支柱承受负载后，混凝土里将出现拉应力，它等于弯矩引起的拉应力与预压应力之差，这样采用混凝土的负载能力就可使支柱的负载能力大大提高。受拉层里的钢筋的总张力等于预拉应力和弯矩作用引起的拉应力之和。由于此时钢筋还没有达到满载，所以不会使支柱承受负载的能力受到限制。

横腹杆式钢筋混凝土支柱的优点在于能更好地利用高强度钢筋，比圆柱(圆锥形支柱)更便于接触网检修人员上下作业，特别是空腹式结构。但是生产制造这种支柱比较复杂，在运输过程中也容易损坏。等径或锥形截面圆形支柱是在专门的离心装置上进行加工的，不仅有利于机械化生产，而且总体质量也较好。

按照钢筋混凝土支柱基础的设置方法，这种支柱可分为整体式和独立基础两种类型。对于整体式支柱，其地下部分起到了基础的作用，埋置深度为3 000 mm；对于具有独立基础的钢筋混凝土支柱，其埋在土中的部分（即基础）是单独的构件。如果采用第二种支柱，将会大大增加混凝土和钢材的耗量，而且需要分两个阶段进行作业，会给施工带来困难，并将提高施工造价。此外，为保证接头密贴性能良好，也会使得作业复杂化。但这种支柱运输方便，基础设置灵活，且有利于制造大容量的钢筋混凝土支柱。

预应力混凝土支柱，用符号H表示，分母的前一个数字表示地面以上支柱高度（m），后一个数字表示埋入地下部分的长度（m）；分子的前一个数字表示垂直于线路方向的支柱容量（kN·m），后一个数字表示顺线路方向（下锚方向）的支柱容量（kN·m）。

常用钢筋混凝土支柱的类型及用途如下：

（1）H $\frac{38}{8.7+2.6}$，H $\frac{38}{8.2+2.6}$用于中间柱、转换柱、定位柱等其他腕臂支柱。H表示钢筋混凝土支柱，分子38表示支柱容量（kN·m），分母8.7或8.2表示支柱露出地面的高度（m），2.6表示埋入地下的深度（m）。

（2）H $\frac{78}{8.7+3}$，H $\frac{78}{8.2+2.6}$用于腕臂柱或吸流变压器台柱。露出地面8.7 m高的用于半补偿链型悬挂，8.2 m高的用于全补偿链型悬挂。

（3）H $\frac{48-250}{9.2+3}$，H $\frac{48-250}{8.7+3}$用于下锚柱。露出地面9.2 m高的用于半补偿链型悬挂，8.7 m高的用于全补偿链型悬挂。

（4）H $\frac{90}{12+3.5}$，H $\frac{130}{12+3.5}$，H $\frac{170}{12+3.5}$用于软横跨支柱。

（5）H $\frac{170-250}{12+3.5}$用于软横跨锚柱。

圆截面钢筋混凝土支柱，在生产加工过程中，有利于机械化生产，当支柱围绕自己的纵轴旋转时，由于离心力的作用，混凝土浆喷洒到模型面上并能较好密实凝结。锥形圆截面钢筋混凝土支柱的钢筋是按整个圆周均匀分布的，这在很大程度上要降低支柱的承载能力。因为远离中心轴的钢筋应力最大，而大部分钢筋距中心轴又比较近，其承载能力没有得到充分的利用。最好的方法是对钢筋进行不对称布置，在受拉层应集中多布置一些钢筋，会有更好的经济技术效果。这样一来，支柱就成了方向支柱，只能以一定的方向相对于线路中心来安装支柱。

离心式环形等径预应力混凝土支柱因钢筋沿周边布置，支柱受力无方向性，材料消耗量稍多,攀登支柱较困难,维修也不便。现在生产的有 350 mm 和 400 mm 两种直径的等径圆支柱。ϕ400 环形等径预应力混凝土支柱规格见表 3.1,ϕ350 环形等径预应力混凝土支柱规格见表 3.2。

表 3.1 ϕ400 环形等径预应力混凝土支柱规格

柱　　型	容量/(kN·m)	长度/m	杆径/mm	参考质量/kN	使用范围
$\frac{60}{11+3}\phi400$	60	14	400	2.15	腕臂柱
$\frac{80}{11+3}\phi400$	80	14	400	2.15	腕臂柱
$\frac{100}{11+3}\phi400$	100	14	400	2.15	锚柱
$\frac{60}{9+3}\phi400$	60	12	400	2.15	腕臂柱
$\frac{80}{9+3}\phi400$	80	12	400	2.15	锚柱

表 3.2 ϕ350 环形等径预应力混凝土支柱规格

柱　　型	容量/(kN·m)	长度/m	杆径/mm	参考质量/kN	使用范围
$\frac{40}{11+3}\phi350$	40	14	350	1.90	腕臂柱
$\frac{50}{11+3}\phi350$	50	14	350	1.90	腕臂柱
$\frac{60}{11+3}\phi350$	60	14	350	1.90	锚柱
$\frac{40}{9+3}\phi350$	40	12	350	1.90	腕臂柱
$\frac{50}{9+3}\phi350$	50	12	350	1.90	腕臂柱
$\frac{60}{9+3}\phi350$	60	12	350	1.90	锚柱

2. 钢支柱

桁架钢支柱有 4 条柱腿,这些柱腿为角形截面并采用交叉支撑。其强度完全适合于所要求的荷载情况。支柱系列的尺寸从底部为 800 mm×600 mm 和角形截面为∠80×8 开始直到底部为 1600 mm×2000 mm 和角形截面为∠150×14 止。它们被用作线路区间的锚柱和横跨支柱。

双槽钢支柱是由两根 U 型槽钢组成,它们每隔 500 m 就用扁钢带连接,沿竖直方向逐渐变细。使用最多的槽钢是 100 型、120 型、140 型和 160 型。双槽钢支柱的特点是两个轴的弯矩容量是不同的。因此,它们主要用于区间无张力补偿装置的支撑场所。

许多架空线路设备使用 H 型钢柱，缺点是其质量相对大些。另外，这种类型的支柱挠度比双槽钢支柱大，而挠度常支配着支柱的容量，并且从它本身承受的荷载角度看，它要求比需要的横梁更重些。此外 H 型钢柱的抗扭强度小，这就限制其作为双腕臂支柱使用。

由于锥形薄壁钢柱的尺寸可按荷载要求进行调整，所以成为受关注的选择对象，常常被用于市区的公共交通设施。它们是通过轧制、拉制或焊接方式生产的，所以能被制造出具有特定的截面尺寸、强度和抗扭刚度。

钢柱，由角钢焊接成的立体桁架结构式支柱，具有质量轻、容量大、耐碰撞、运输及安装方便等优点。但存在用钢量大、造价高、耐腐蚀性能差，需定期进行除锈、涂漆防腐，且有维修不便等缺点。现在涂漆防腐已改为热镀锌防腐，提高了防腐性能，延长了维修周期。钢柱主要用于跨越股道比较多、需要支柱高度较高、容量较大的软横跨支柱，其次用作桥梁墩台上安装的支柱。现在作为软横跨钢柱的高度有 13 m 和 15 m 两种。

钢柱，用符号 G 表示。例如 $G\frac{50}{9.5}$，其中分子 50 表示垂直于线路方向的支柱容量(kN · m)，分母 9.5 表示钢柱的高度(m)。

下锚钢柱以 G_F 表示分接腿式锚柱。例如 $G_F\frac{250-250}{15}$，其中分子的前一个数字表示垂直于线路方向的支柱容量(kN · m)，后一个数字表示顺线路方向(下锚方向)的支柱容量(kN · m)，分母数字表示支柱高度(m)。在实际使用中常用普通钢柱代替锚柱，其办法是将容量提高一级，并打拉线，此时钢柱符号用 G_M 表示。例如 $G_M\frac{250-250}{15}$，其中分子的前一个数字表示垂直于线路方向的支柱容量(kN · m)，后一个数字表示顺线路方向(下锚方向)的支柱容量(kN · m)，分母数字表示支柱高度(m)。

常用钢柱类型及用途如下：

(1) $G\frac{50}{9}$，$G\frac{70}{9}$ 为轻便钢柱，用于区间中间柱或事故抢修。

(2) $G\frac{100}{10}$，$G\frac{70}{10}$，$G\frac{50}{10}$ 多用于桥支柱。

(3) $G\frac{150}{13}$，$G\frac{200}{13}$ 用于双线路腕臂柱。

(4) $G\frac{200}{15}$，$G\frac{250}{15}$ $G\frac{300}{15}$，$G\frac{350}{15}$，$G\frac{450}{15}$ 用于软横跨柱。

(5) $G_F\frac{150-400}{13}$ 用于分腿式锚柱。

(6)$G_M\frac{250-250}{15}$,$G_M\frac{200-250}{15}$用于带拉线的软横跨锚柱。

(7)$G\frac{250-250}{15}$,$G\frac{350-250}{15}$用于不带拉线的软横跨锚柱。

钢柱是立在以钢筋混凝土浇成的基础之上,基础用以稳定钢柱不倾斜及下沉。配合不同支柱类型及土壤性质,有不同基础类型以适合不同悬挂受力要求。钢柱通过埋入在基础当中的螺栓与基础连接,然后再用混凝土封住连接部分。

3.2.2 按使用用途分类

接触网支柱按其用途分类分为中间支柱、锚柱、转换支柱、中心支柱、定位支柱及道岔支柱、软横跨支柱、硬横跨支柱等。

1. 中间支柱

中间支柱在区间和站场上广泛使用,布置在两相邻锚段关节之间,通过腕臂等支持结构承受一支接触悬挂。它承受工作支接触悬挂的重力及风作用于悬挂上的水平分力。中间支柱所承受的力矩比较小,是电气化铁路中常见的支柱类型。

2. 锚柱

在接触网锚段关节处或其他接触网下锚的地方需设锚柱,位于锚段的终端。锚柱承受两个方向的负荷,在垂直线路方向起中间支柱的作用,在顺线路方向承受接触悬挂下锚的全部拉力。锚柱分为带下锚拉线和不带下锚拉线两种,分腿式钢柱、等径圆钢柱用作锚柱时可不带拉线。在一些重要站场,为满足美观需求,采用不带拉线的锚柱形式,其余锚柱用作下锚时均带拉线。

3. 转换支柱

转换支柱位于锚段关节处的两根锚柱之间,它承受接触悬挂下锚支(简称非支)和工作支线索的重力和水平力。列车受电弓在此支柱处进行两个锚段线索的转换。

4. 中心支柱

在四跨锚段关节处,位于两根转换支柱中间的那根支柱称为中心支柱。它同时承受两组工作支接触悬挂的重力和水平力,使两工作支接触线在此柱定位点处呈水平状,且使两支接触线线间距离符合技术要求。

5. 定位支柱及道岔支柱

为确保列车受电弓在接触线由于某些原因偏离受电弓中心过大时也能正常接触取流而不发生脱弓事故,而专门设立定位支柱。它通常仅承受接触线水平分力而不承受接触悬挂的垂直分力,一般多设于站场道岔后曲线处。由于受力较小,可采用中间柱作为定位支柱。

在站场两端道岔处，为使接触线线岔符合技术要求所规定的位置，该处往往需设立道岔支柱，其支柱类型根据支柱容量计算选择。

6. 软横跨支柱

软横跨支柱一般用于跨越多股道的站场上，由于受力较大，多选用容量较大的支柱。跨越五股道及以下的软横跨支柱可用钢筋混凝土支柱，五股道以上软横跨支柱则采用钢柱。

7. 硬横跨支柱

硬横跨也称为硬横梁，多用于全补偿链型悬挂的站场上，一般是为固定承力索中心锚结绳而设立的。在某些特殊地段，如站场伸入高架桥梁上时，用双线路腕臂支柱或软横跨都不方便时，可考虑采用硬横跨。硬横跨支柱为钢柱。

3.2.3　支柱侧面限界

支柱侧面限界系指轨面(或两轨连线)上支柱内缘距线路中心的距离。

软横跨支柱一般取 3.0 m，位于基本站台时取 6.0 m。腕臂支柱的侧面限界选用见表 3.3。

表 3.3　腕臂支柱的侧面限界

曲线半径/m	200～299	300～599	600～1 000	>1 000	∞
曲线外侧限界/m	2.8	2.7	2.6	2.6	2.5
曲线内侧限界/m	3.1	3.1	2.8	2.7	—

3.2.4　支柱荷载的确定

各种形式的外部荷载同时作用在架空接触网的支持装置上。根据使用的支柱，这些荷载要综合考虑运行期间所有可能的荷载组合，并且使故障风险减至最小。相关标准规定了这些荷载的确定。就这些情况而言，采用了不同的可靠性，它们考虑到了不同的允许应力或不同的局部系数。某些标准把正常荷载和异常荷载区别开，支柱所承受的由接触悬挂所致的荷载被看作是正常荷载，如果支柱上合架了牵引供电线路，那么还可能出现异常荷载。它们包括了发生可能性小的荷载情况，例如在各个跨距上的不平衡覆冰或零件故障所致的荷载。在确定支柱容量时，必须选择产生最大应力的荷载组合。

由接触悬挂张拉所产生的荷载非常大而且是永久作用的。为了适应这种特性，需要选用较大的局部系数，要根据使用的支柱来确定由牵引供电线路产生的荷载。

就横跨支柱、横梁、中心锚结支柱和锚柱的设置而言，这些荷载必须按上述原则予以组合。若想把实际所有的相应组合都包括进来则超出了本书的范围。必须根据给定的荷载情况和特定应用情况出现的荷载导致的力来确定支柱的容量。设计方法和变化的设计因素均影响结果。

支柱的负载是支柱在工作状态下所承受的垂直负载和水平负载的统称。支柱负载越大,支柱基底面处所受的弯矩也越大。支柱的负载计算,就是计算基底面处可能出现的最大弯矩值,其目的是根据计算结果来选择适当容量的支柱。通常所说的支柱容量,是指支柱本身所能承受的最大许可弯矩值。一个支柱容量的大小,是指承载能力的大小,它取决于支柱自身结构。

接触网支柱广泛采用金属支柱和钢筋混凝土支柱两种。对于容量较大的软横跨用的钢筋混凝土支柱,为了增大支柱地面以下部分与土体的接触面积,常加设横卧板。

金属支柱与钢筋混凝土支柱的基底面位置不同。目前定型的钢筋混凝土支柱,设计时已经将支柱基底面处的力矩折算到了地面,故在接触网设计中,只计算支柱地面处所承受的弯矩,并根据此值来选择支柱类型,而不必再计算支柱基底面处的弯矩值。

支柱的最大弯矩,除了与支柱所在的位置、支柱类型、接触悬挂类型、线索悬挂高度、支柱跨距及支柱侧面限界有关外,还与计算气象条件有直接关系。最大弯矩可能出现在最大风速、最大附加负载(覆冰)或最低温度的时候。在计算最大弯矩时,一般应对三种气象条件进行计算,取其中最大值作为选择支柱容量的依据。一般来说,支柱的最大计算弯矩多发生在最大风速及最大冰负载时。

3.2.5 荷载、内力和内力矩

如上所述,来自各种情况的力作用在接触网的支持装置上。

1. 通过腕臂作用的荷载包括:

(1)来自接触悬挂的荷载,包括自重、风荷载。

(2)腕臂本身的质量。

2. 作用在下锚处的荷载包括:

(1)由于接触悬挂下锚所致的张力。

(2)由张力补偿装置自重所致的荷载。

3. 在中心锚结处的荷载包括:

(1)由于中心锚结绳产生的力。

(2)由于中心锚结下锚所致的力。

4. 牵引供电线路(附加线)的荷载包括:

(1)风荷载。

(2)径向负载。

(3)由中间或终端下锚所致的荷载。

5. 在软横跨支持装置处的荷载包括：

(1)来自横承力索处的荷载。

(2)来自定位索处的荷载。

在使用时，必须考虑到来自隔离开关引线和其他设备，诸如变压器和照明设备之类的荷载，在各种情况下自重和风对结构部件的影响都在起作用。

为与土木工程的术语一致，荷载可以分为固定荷载和变化荷载。自重和长期作用的拉力可被归到第一类，而风和冰荷载则归为第二类。根据欧洲标准规定的准则，作用力的设计荷载可由固定作用力 $F_{s,j}$ 和变化作用力 $F_{v,j}$ 的合力求出。

在多数情况下因接触悬挂和牵引供电线路(附加线)的下锚而产生负载。如果支柱上没有装腕臂，例如接触悬挂下锚的支柱不装腕臂，才需要考虑风的作用。固定最大荷载增加，所乘的局部系数需同步增加。

在接触悬挂下锚所致的荷载和其他荷载可能偏心地作用在支柱的中心轴上，并围绕中心轴产生力矩 M_x。这适用于双腕臂支柱，当各支柱接触悬挂产生的荷载不同时就会这样。

这些内力和内力矩可用于支柱和基础的额定值确定或者从现有的荷载容量文件对其进行选择。就细长结构而言，例如对于 H 型钢柱，为了不影响铁路运营，必须限制其接触线高度处的挠度。

3.3 下部基础

3.3.1 预应力混凝土支柱基础

目前采用的预应力钢筋混凝土支柱，其下部埋入土壤中的部分就作为支柱的基础。如果基础自身倾覆稳定不能满足安全要求，可以采用加横卧板的方法增加其稳定性，必要时还可在支柱底部安置底板，使之满足安全要求。这时的基础就称为带横卧板的基础，如图 3.1 所示。

横卧板的数量和种类由该处土壤安息角的大小(即土壤压力的大小)决定。

土壤承压力是指单位面积土壤上所受到的压力。工程上称土壤正常工作面不致发生破坏的压力为土壤允许承压力，单位是 MPa。土壤承压力的大小与土壤的种类和土壤的物理状态有关，可经计算或者依据实验测定。

安息角是反映土壤工作性质的另一种表示方法。在散粒土壤自然堆积时，当再增加散粒而这个土堆的斜坡不再增大，其斜坡面与水平面的夹角称土壤安息角，常用字母 φ 表示。土壤的安息角与土壤允许承压力有着直接关系，见表 3.4。

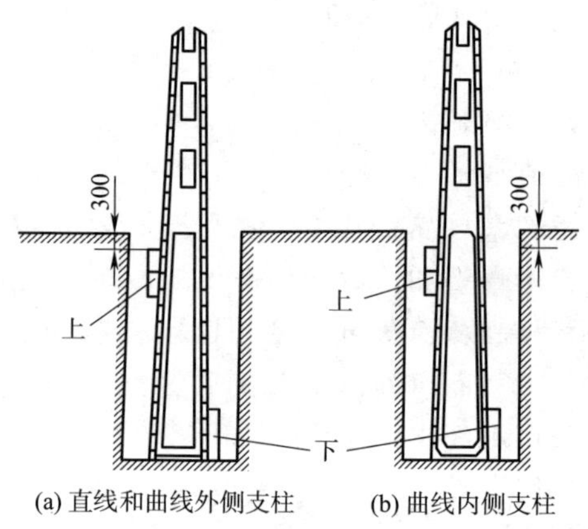

(a) 直线和曲线外侧支柱　　(b) 曲线内侧支柱

图 3.1　横卧板安设(单位:mm)

表 3.4　土壤安息角与土壤允许承压力的关系

土壤安息角 φ	土壤允许承压力/MPa
17°～22°	0.15
23°～28°	0.2
30°～32°	0.25
33°～37°	0.3
38°及以上	0.4

通常硬土、普通土的允许承压力为 0.1～0.3 MPa,而软石类的允许承压力在 0.3 MPa 以上。

3.3.2　钢支柱基础

钢支柱基础的类型很多,但多是外形、体积及基础螺栓长度有所区别。按外形分类,钢支柱基础目前分为工字形、锥形、单阶梯形、多阶梯形等不同外形。

3.4　腕　　臂

3.4.1　腕臂的作用与要求

腕臂一般安装在支柱上部,常使用圆形钢管或槽钢、角钢加工制成,用以支持接触悬挂,并起传递负荷的作用。

对腕臂的要求是具有足够的机械强度、结构应尽量简单、轻巧,易于施工安装和维修更换。

腕臂的选用应保证其技术要求，并力求经济合理。腕臂的长度与其所跨越线路股道的数目、接触悬挂的结构高度、支柱侧面限界和支柱所在位置(即支柱设在直线上还是设在曲线区段，是在曲线内侧还是在曲线外侧)等因素有关。腕臂跨越股道数目越多，接触悬挂结构高度越高，支柱侧面限界越大，则腕臂的选用规格就应越大。

腕臂应配合拉杆或压管使用，至于何种情况下采用拉杆或压管，则应根据支柱装配情况视腕臂受拉还是受压而确定。拉杆只能承受拉力，压管则应承受压力，但也可以承受较小的拉力，若难以判断是受拉还是受压时可选用压管。

3.4.2 支持装置

腕臂支持装置用于支持接触悬挂，并将其负荷传给支柱或其他建筑物。腕臂支持装置主要包括旋转腕臂底座(或T形腕臂底座)、拉杆底座(或压管底座)、腕臂、水平拉杆(或压管)、双耳连接器、调节板、悬式绝缘子串、棒式绝缘子及吊挂接触悬挂的设备等，如图3.2所示。

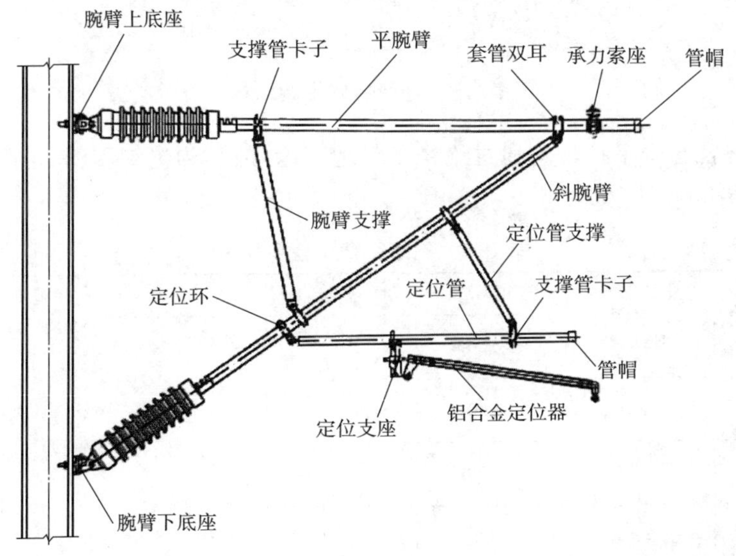

图3.2 腕臂支持装置

3.4.3 腕臂的分类

腕臂按其与支柱之间是否绝缘，可分为绝缘腕臂和非绝缘腕臂。

1. 绝缘腕臂

目前在中国接触网上普遍采用绝缘腕臂，安装结构如图 3.3 所示。它是用外径 38.1 mm(1.5 英寸)或 50.8 mm(2 英寸)圆形热镀锌钢管经加工而成，其根部通过棒式绝缘子与安设在支柱上的腕臂底座相连，顶端经套管绞环、调节板、水平拉杆(或压管)，并通过悬式绝缘子串(或棒式绝缘子)固定在支柱顶部水平拉杆底座处。当水平拉杆受压时可采用压管，悬式绝缘子则改为棒式绝缘子。

图 3.3　绝缘腕臂安装结构

由于腕臂与水平拉杆均通过绝缘子对地绝缘，故称为绝缘腕臂，绝缘腕臂型号和规格见表 3.5。

表 3.5　绝缘腕臂类型和规格

型　号	外径/mm	长度/mm	单件质量/kg	参考应用范围
$1\frac{1}{2}$-2.75	48	2 750	11.0	直线或曲线； 半径 $R \geqslant 600$ m 区段，腕臂只承受一支接触悬挂时
$1\frac{1}{2}$-3.0	48	3 000	12.0	
$1\frac{1}{2}$-3.15	48	3 150	12.6	
$1\frac{1}{2}$-3.3	48	3 300	13.2	
$1\frac{1}{2}$-3.55	48	3 550	14.2	
$1\frac{1}{2}$-3.8	48	3 800	15.2	
$1\frac{1}{2}$-4.0	48	4 000	16.0	

续上表

型　号	外径/mm	长度/mm	单件质量/kg	参考应用范围
2-3.0	60	3 000	15.2	直线或曲线； 半径 $R \geqslant 600$ m 区段； 半径 $R \geqslant 1\ 000$ m 区段有反定位时； 半径 $R < 600$ m 区段，腕臂承受一支悬挂时
2-3.15	60	3 150	16.0	
2-3.55	60	3 550	18.0	
2-3.8	60	3 800	19.3	
2-4.0	60	4 000	20.3	
TG-3.55	60	3 550	—	C 形道岔柱或曲线半径 $R < 1\ 000$ m 处，中间支柱反定位时
TG-4.0	60	4 000	—	

注：TG 表示套管腕臂。

绝缘腕臂结构灵巧简单，技术性能好，施工维修和安装方便，由于绝缘子安装在靠支柱侧，减少了对支柱容量和高度的要求，从而降低了成本；同时在混合牵引区段不易被污染，减少了清扫和维护绝缘子的工作量。因腕臂和拉杆（或压管）与接触悬挂处于同等电位，现场开展带电作业时和接地部分有足够的安全距离。当腕臂受力较大时，可采用套管型腕臂，用字母 TG 表示。腕臂顶端为防雨水或雪水流入可配用管帽，防止管内生锈。

2. 非绝缘腕臂

非绝缘腕臂通过悬吊在腕臂上的绝缘子串来悬挂承力索。腕臂和支柱间不绝缘，因此称为非绝缘腕臂。非绝缘腕臂结构比较笨重，要求支柱高度和支柱容量大，安装维修困难，绝缘子容易脏污，不便开展带电作业，应尽量减少使用。目前非绝缘腕臂多存在于 2～3 股道受限不能为每条线路单独布置支柱时使用（也称为跨线腕臂）。结构如图 3.4 所示。

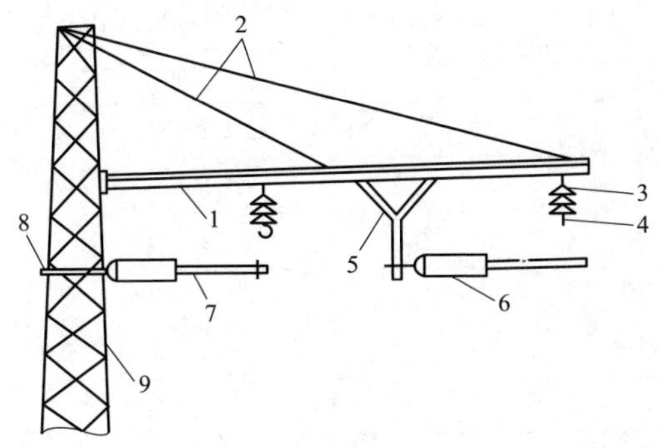

1—直腕臂；2—斜拉杆；3—悬式绝缘子；4—承力索；5—定位支架；
6—棒式绝缘子；7—定位器；8—定位肩架；9—钢柱。

图 3.4　非绝缘腕臂结构

按照不同的分类标准，腕臂有多种形式。如按腕臂结构分类，则有带拉杆的水平腕臂、带斜撑的平腕臂、带拉杆（或压管）的斜腕臂等；按腕臂在支柱上的固定方法分类，则有固定腕臂、半固定腕臂。

腕臂型号的选用与拉杆、压管型号规格见表 3.6 和表 3.7。

表 3.6　腕臂型号选用

<table>
<tr><td rowspan="3" colspan="2">支柱类型</td><td colspan="5">支柱位置半径/m</td></tr>
<tr><td colspan="3">曲线外侧</td><td colspan="2">曲线内侧</td></tr>
<tr><td>R=300～500</td><td colspan="2">R≥600</td><td>R≤1000</td><td>R=1 200～4 000</td></tr>
<tr><td colspan="2">中间柱</td><td>2 型</td><td colspan="2">$1\frac{1}{2}$型</td><td>TG 型</td><td>2 型</td></tr>
<tr><td colspan="2">非绝缘转换柱</td><td>2 型</td><td colspan="2">2 型</td><td>—</td><td>—</td></tr>
<tr><td rowspan="2" colspan="2">绝缘转换柱（2 根）</td><td rowspan="2">2×2 型</td><td>R=600～4 000</td><td>R=∞</td><td rowspan="2">—</td><td rowspan="2">—</td></tr>
<tr><td>$2\times1\frac{1}{2}$型</td><td>2 型（1 根）</td></tr>
<tr><td colspan="2">中心柱（2 根）</td><td>2×2 型</td><td colspan="2">$2\times1\frac{1}{2}$型</td><td>2×TG 型</td><td>2×2 型</td></tr>
<tr><td rowspan="3">道岔柱</td><td>L 型</td><td colspan="5">2 型</td></tr>
<tr><td>Y 型</td><td colspan="5">TG 型</td></tr>
<tr><td>LY 型</td><td colspan="5">2 型</td></tr>
</table>

表 3.7　拉杆及压管型号规格

类　　型	型　　号	长度 L/mm	质量/kg
水平拉杆	10	1 000	1.84
	12	1 200	2.16
	14	1 400	2.47
	16	1 600	2.79
	18	1 800	3.11
	21	2 100	3.58
	23	2 300	3.9
	26	2 600	4.38
	30	3 000	5.0
T 型水平拉杆	T18	1 875	9.5
	T24	2 470	12.5
	T29	2 970	15.0

续上表

类　型	型　号	长度 L/mm	质量/kg
压　管	Y19	1 985	8.7
	Y23	2 385	10.3
	Y28	2 885	12.9

3.4.4　腕臂预配计算

腕臂预配就是根据接触网设计平面图确定的安装图号，在保证接触线高度、结构高度及拉出值的情况下，预留必要的调整范围，将腕臂安装上支柱前，在地面对其进行的组装。通过预配可以减少施工人员在高处作业的调整工作量，提高工作效率。腕臂预配的关键是根据支柱整正后，所测量得到的侧面限界、支柱内缘斜率(记为 δ)以及设计要求的接触网线高度、结构高度及拉出值来确定腕臂的长度及各个连接零件的安装位置。这个过程中要进行简单的计算，称为腕臂预配计算。腕臂预配计算的重点是确定平腕臂、单耳腕臂(斜腕臂)的长度($L_{平}$、$L_{斜}$)、套管双耳和定位环位置($L_{双耳}$、$L_{定位}$)。

图 3.5(a)为直链型悬挂平腕臂中间柱预配计算，A、B 为上下腕臂底座位置，D、E 为套管双耳、承力索座的中心位置，过 D、E 的垂线和单耳腕臂底座端点 O 交于 G、H，单耳腕臂和水平线夹角为 α，I 为定位环位置。

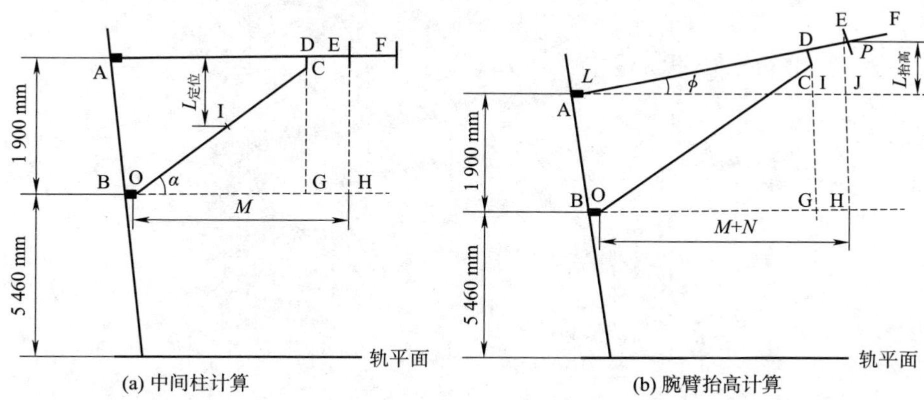

图 3.5　直链型平腕臂预配计算

腕臂长度与以下四个因素有关：

(1)腕臂所跨越的线路数目。

(2)接触悬挂的结构高度。

(3)支柱侧面限界。

(4)支柱所在位置(即支柱是在直线区段还是曲线区段,是在曲线内侧还是曲线外侧)。

腕臂的选择应保证技术要求并力求经济合理。

3.5　定位装置与定位形式

3.5.1　定位装置

定位装置由定位管、支持器、定位线夹、定位钩、定位环及其连接部件组成,如图 3.6 所示。当将定位管与支持器以及定位钩等组合成一个整体时形成定位器。所以,组合的定位器是定位装置的主体,通过线夹把接触线固定到相应位置上后传递给定位环。定位器从形状上可分为直管式、弯管式、特型等数种。地铁运行属于低速情况,除在地面或高架曲线半径较小的情况下使用定位器外,一般定位装置很少采用定位器,均是由各个部件进行安装组合,便于零件更换调整,灵活性较强。在曲线段上,由于线路的外轨超高,地铁列车受电弓随之向曲线内侧发生倾斜,为避免定位器碰撞受电弓,要求定位器具有一定的倾斜度,其倾斜度规定在 1∶10～1∶5 之间。

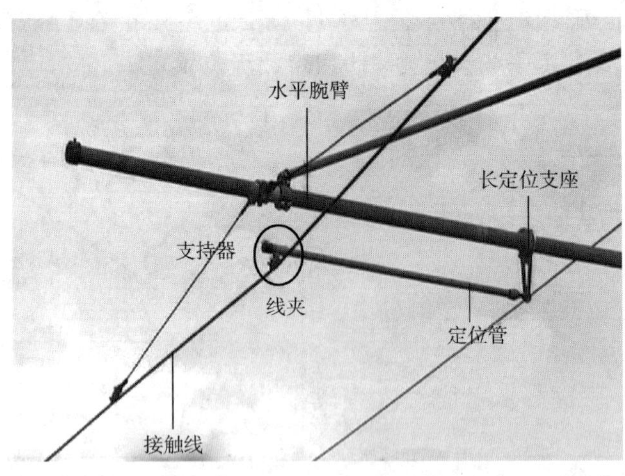

图 3.6　定位装置

定位装置的作用就是对接触线进行横向定位。定位装置是支持结构中的主要组成部分,它是在定位点处对接触线实现相对于线路中心进行横向定位的装置。在直线区段,相对于线路中心把接触线拉成“之”字形状;在曲线区段,相对于受电弓中心运行轨迹拉成切线或割线。刚性接触网则呈正余弦波曲线形状。

定位装置的技术要求：一是动作要灵活，在温度发生变化，接触线沿顺线路发生移动时，定位装置应能以固定点为圆心，灵活地随接触线沿线路方向相应移动；二是质量应尽量轻，在受电弓通过定位点时，定位装置上下动作自如，并且有一定的抬升量，不产生明显硬点，其静态弹性和跨距中部应尽量一致；三是具有一定的风稳定性。隧道弹性悬挂定位如图3.7所示。

图3.7　隧道弹性悬挂定位

3.5.2　定位形式

定位装置仅对接触线实行横向定位，根据支柱所处位置、功能用途及地形条件不同，定位装置的形式也不同。具体包括正定位、反定位、软定位、组合定位、单拉定位等。

1. 正定位

在直线区段或曲线半径较大的区段采用正定位，由定位管和支持器、定位线夹、定位环、定位钩组成，如图3.8所示。正定位一般用于直线区段或曲线半径较大的区段。定位器的一端利用定位线夹固定接触线；另一端通过定位钩与定位管衔接，定位管又通过定位环固定在腕臂上。

图3.8　正定位

2. 反定位

反定位(图 3.9)一般用于曲线内侧支柱或直线区段“之”字形方向与支柱位置相反的地方。定位管受压力较大,为了使定位管保持水平,一般用斜拉线将定位管吊住,固定在斜腕臂上。

图 3.9 反定位

3. 软定位

软定位装置只能承受拉力,而不能承受压力,因此用于曲线 $R \leqslant 1\ 000$ m 的区段,为避免在某些特殊情况下拉力过小,经过计算,在曲线力抵消反方向的风力之后,拉力需保持 0.2 kN 以上方能使用这种方式。

4. 组合定位

组合定位装置是用于锚段关节的转换支柱、中心支柱及站场线岔处的定位,这些地方均有两组悬挂在同一支柱处,分别固定在所要求的位置上。组合定位的方式较多,各种组合定位的作用也不相同,这主要是根据各种各样的地形条件及悬挂条件决定的,主要有拉定位、压定位、拉压定位、绝缘定位、特殊双定位。拉定位就是两支接触线的受力方向都指向支柱的反方向,定位器把接触线拉向支柱,这种形式多用于道岔柱处的定位,其特点是两支接触线等高。压定位是由于地形条件的限制,使得两支接触线的水平力指向支柱,相当于两支接触线都处于反定位状态,多用于道岔处的两组悬挂在同一处的定位。拉压定位,其一支接触线拉向支柱,另一支接触线拉向支柱的反方向(反定位),且两支接触线等高,都处于工作状态,这是道岔定位最常用的定位形式。绝缘定位是两组定位器分别固定于两个腕臂上,两组定位器互不影响并保持一定距离,它类似于绝缘转换支柱。特殊双定位是两组定位器固定于同一组腕臂上,但其中一支为非工作支,它抬高后去下锚,多用于非绝缘转换支柱处或其他一些特殊定位。

5. 单拉定位

单拉定位的特点是没有腕臂，将软定位器直接通过绝缘子固定到支柱上，一般用在导曲线处或因跨距较大，接触线的偏移达不到设计要求的某些特殊地点。

3.6　线　　索

3.6.1　接触线

接触线是直接和受电弓滑板相接触并摩擦的，地铁列车从接触线上取得电能。因此，接触线既要有足够的机械强度又要有良好的电气性能。

接触线制成带沟槽的圆柱状，沟槽便于安装线夹，固定接触线又不影响受电弓取流。接触线底面与受电弓接触的部分呈圆弧状。不同的接触线类型和截面适用于不同的使用场合，架空接触线的首选截面为圆形。接触线截面积的选择主要取决于所需的电流、电压的稳定性和施加的张力。

直流牵引系统如果要求牵引力大就必须安装平行接触线（双接触线）。

由于铜和铜合金有较高的导电性、张力、硬度及其承受温度变化和抗腐蚀的能力，硬拉电解铜和铜合金已成为全球使用的导线材料。暴露在空气中的铜的表面形成一层硬的、能导电且不会阻止电流流动的氧化层。

银含量（0.1%）或镁含量（0.5%）的合金添加剂用来进一步改善铜线的机械和热性能，从而得以使用较高张力的铜线。

接触线是被滑过的受电弓磨损的。此外，用于受电弓和接触线接触的材料组合也对这些部件的磨损率有影响。铜接触线与碳滑板的组合使磨损率达到最低，钢和铜滑板会导致相当高的磨损率。由于磨损使接触线截面积减小，从而使载流量下降，在这种情况下，如果不按比例减小施加的接触压力就会增加抗拉应力，所以允许磨损率被限制为原截面积的 20%～30%。确定是否达到磨损限度的标准是在磨损最严重的点上测量其截面积。若接触线磨损均匀，则使用寿命较长，其基本要求取决于架空接触网和受电弓之间最好的相互作用，要适应各种气象及污染条件，承受接触网结构所需的张力，还应考虑缩小事故范围的需要。因此要求接触导线具有良好的导电性能、耐磨性能、抗腐蚀性能及足够的机械强度。

1. 铜接触线

铜接触线规格、尺寸及技术性能参数见表 3.8～表 3.10。

表 3.8 铜接触线规格、尺寸及技术性能参数(DIN 43141)

型号	标称截面/mm^2	尺寸		电气性能			机械性能					参考单位质量/(kg·km^{-1})	含银量/%
		c	d	电阻率(20 ℃)/(Ω·mm^2·m^{-1})	载流量/A		扭转圈数(至破坏)	反复弯曲(至破坏)		伸长率/%	抗拉强度/(N·mm^{-2})		
					风速0.6 m/s	风速1 m/s		弯曲半径/mm	次数				
Ris	120	4	13.2	≤0.017 86	≥490	≥560	≥5	30	≥6	≥3.5	≥330	1 070	0.040 0

注:(1)参考单位质量按密度 8.96 g/cm^3 计算。

(2)载流量条件:环境温度为 40 ℃,最高允许工作温度为 80 ℃。

表 3.9 铜接触线规格、尺寸参考(TB/T 2809)

型号	标称截面/mm^2	计算截面/mm^2	尺寸及偏差/mm							角度及公差	
			截面直径(高度)A	截面宽度B	头部宽度C	沟槽底间距D	沟槽间间距E	头部高度K	圆角半径R	下斜角G	上斜角H
CT	120	121	$12.90^{+0.13}_{-0.13}$	$12.90^{+0.26}_{-0.26}$	$9.76^{+0.20}_{-0.20}$	$7.24^{+0.29}_{-0.14}$	6.80	4.35	0.40	27°±1°	51°±1°

注:实际面积允许偏差为计算截面积的±2%。

表 3.10 铜接触线技术参数(TB/T 2809)

型号	标称截面/mm^2	电气性能		机械性能				
		电阻率(20 ℃)/(Ω·mm^2·m^{-1})	载流量/A	拉断力/kN	伸长率(未软化)	扭转圈数(至断开)	反复弯曲	
							开裂	断开
CT	120	≤0.017 77	360	≥42.69	≥3.0%	≥5	≥4	≥6

2. 铜银合金接触线

铜银合金接触线规格、尺寸及技术性能参数见表 3.11～表 3.13。

表 3.11 铜银合金接触线规格、尺寸及技术性能参数(DIN 43141)

型号	标称截面/mm^2	尺寸		电气性能			机械性能					参考单位质量/(kg·km^{-1})	含银量/%
		c	d	电阻率(20 ℃)/(Ω·mm^2·m^{-1})	载流量/A		扭转圈数(至破坏)	反复弯曲(至破坏)		伸长率/%	抗拉强度/(N·mm^{-2})		
					风速0.6 m/s	风速1 m/s		弯曲半径/mm	次数				
Ris	120	4	13.2	≤0.017 86	≥750	≥830	≥5	30	≥6	≥3.5	≥350	1 070	0.08～0.12

注:(1)参考单位质量按密度 8.96 g/cm^3 计算。

(2)载流量条件:环境温度为 40 ℃,最高允许工作温度为 150 ℃。

表 3.12　铜银合金接触线规格、尺寸参考(TB/T 2809)

型号	标称截面/mm^2	计算截面/mm^2	尺寸及偏差/mm							角度及公差	
			截面直径(高度)A	截面宽度B	头部宽度C	沟槽底间距D	沟槽间间距E	头部高度K	圆角半径R	下斜角G	上斜角H
CTA	120	121	$12.90^{+0.13}_{-0.13}$	$12.90^{+0.26}_{-0.26}$	$9.76^{+0.20}_{-0.20}$	$7.24^{+0.29}_{-0.14}$	6.80	4.35	0.40	27°±1°	51°±1°

注:实际面积允许偏差为计算截面积的±2%。

表 3.13　铜银合金接触线技术参数(TB/T 2809)

型号	标称截面/mm^2	电气性能		机械性能				
		电阻率(20 ℃)/($\Omega \cdot mm^2 \cdot m^{-1}$)	载流量/A	拉断力/kN	伸长率(未软化)	扭转圈数(至断开)	反复弯曲	
							开裂	断开
CTA	120	≤0.017 77	360	≥43.87	≥3.0%	≥5	≥4	≥6

3. 铜镁合金接触线

铜镁合金接触线规格、尺寸及技术性能参数见表 3.14。

表 3.14　铜镁合金接触线规格、尺寸及技术性能参数(DIN/EN 50149)

型号	标称截面/mm^2	直径/mm		电阻率(20 ℃)/($\Omega \cdot km^{-1}$)	伸长率/%	抗拉强度/($N \cdot mm^{-2}$)	拉断力/kN	扭转圈数(至破坏)	反复弯曲(至破坏)		参考单位质量/($kg \cdot km^{-1}$)
		AC	BC						弯曲半径/mm	次数	
Rim	120	13.20	12.85	≤0.239	≥5.0	≥490	≥57.0	≥5	30	≥6	1 035～1 099

注:参考单位质量按密度 8.89 g/cm^3 计算。

3.6.2　承力索(铜绞线)

在接触悬挂中,绞线用于悬挂和张拉目的,并作为导线使用。在早期接触悬挂中也采用镀锌钢导线承力索、横承力索和定位索。简单钢导线的主要缺点是容易被腐蚀。带树脂保护的高强度钢软绞线用作能承受高机械荷载的滑轮补偿绳,而只承载自身净重的加强线、旁路馈电线和其他馈电线则采用铝导线。

承力索的作用是通过吊弦将接触线悬挂起来。要求承力索能够承受较大的张力和具有抗腐蚀能力,并且在温度变化时弛度变化较小。

铜承力索导电性能好,可做牵引电流的通道之一,和接触网并联供电,降低压损和能耗,且抗腐蚀性能提高。但铜承力索消耗铜多,造价高且机械强度低,不能承受较大的张力,温度变化时弛度变化也大。TJ 表示铜绞线,数字表示面积。

1. 铜绞线的结构尺寸参数

软铜绞线、硬铜绞线的相关参数见表 3.15～表 3.18,节径比见表 3.19。

表 3.15 软铜绞线的结构尺寸参数(DIN 43138)

型号	标称截面 /mm^2	计算截面 /mm^2	根数	单线直径 /mm	绞线外径 ±5% /mm	绞合方式	参考单位质量 ±8% /(kg·km^{-1})
TJR	16	16.3	49	0.65	5.9	正规绞合	152
	25	26.1	133	0.50	7.5		246
	35	37.6	133	0.60	9.0		353
	50	51.2	133	0.70	10.5		482
	70	72.7	189	0.70	13.0		685
	95	99.7	259	0.70	14.7		935
	120	118.5	336	0.67	16.4		1 120
	150	150.1	392	0.70	18.3		1 420
	185	185.1	525	0.67	20.4		1 745
	210	209.8	595	0.67	21.5		1 980
	240	245.2	637	0.70	23.1		2 320
	300	296.6	637	0.70	25.4		2 800

注:参考单位质量按密度 8.89 g/cm^3 计算。

表 3.16 软铜绞线技术性能参数(DIN 43138)

型号	标称截面 /mm^2	抗拉强度 /(N·mm^{-2})	伸长率/%	电阻率 (20 ℃) /(Ω·mm^2·m^{-1})	载流量/A	
					风速 0.6 m/s	风速 1.0 m/s
TJR	16	≥300	≥25	≤0.017 241	≥135	≥155
	25				≥180	≥205
	35				≥225	≥255
	50				≥280	≥310
	70				≥340	≥370
	95				≥420	≥460
	120				≥485	≥535
	150				≥570	≥625
	185				≥660	≥720
	210				≥720	≥780
	240				≥785	≥850
	300				≥895	≥920

载流量条件:环境温度为 40 ℃,导线工作温度为 80 ℃。

表 3.17　硬铜绞线的结构尺寸参数(DIN 48201)

型号	标称截面 /mm²	计算截面 /mm²	绞线结构 根数/直径 /mm	绞线外径 ±5% /mm	参考单位质量 ±8% /(kg·km⁻¹)	绞合方式
TJ	10	10.20	7/1.35	4.1	90	正规绞合
	16	15.89	7/1.70	5.1	143	
	25	24.25	7/2.10	6.3	218	
	35	34.36	7/2.50	7.5	310	
	50	49.48	7/3.00	9.0	446	
		48.35	19/1.80	9.0	437	
	70	65.81	19/2.10	10.5	596	
	95	93.27	19/2.50	12.5	845	
	120	116.99	19/2.80	14.0	1 060	
	150	147.11	37/2.25	15.8	1 337	
	185	181.62	37/2.50	17.5	1 649	
	240	242.54	61/2.25	20.3	2 209	
	300	299.43	61/2.50	22.5	2 725	

注:参考单位质量按密度 8.89 g/cm³ 计算。

表 3.18　硬铜绞线技术性能参数(DIN 48201)

型　　号	标称截面 /mm²	综合拉断力 /kN	单丝抗拉强度 /(N·mm⁻²)	电阻率(20 ℃) /(Ω·mm²·m⁻¹)	载流量/A
TJ	10	⩾4.02	⩾422	⩽0.017 86	⩾90
	16	⩾6.37			⩾125
	25	⩾9.72			⩾160
	35	⩾13.77			⩾200
	50	⩾19.84			⩾250
		⩾19.38			⩾250
	70	⩾26.38			⩾310
	95	⩾37.39			⩾380
	120	⩾46.90			⩾440
	150	⩾58.98			⩾510
	185	⩾72.81			⩾585
	240	⩾97.23			⩾700
	300	⩾120.04			⩾800

载流量条件:风速 0.6 m/s;环境温度为 35 ℃,导线工作温度为 70 ℃。

表 3.19 节径比

根 数	节径比范围			
	第一层	第二层	第三层	第四层
7	10～14	10～14	—	—
19	10～16	10～14	—	—
37	10～17	10～16	10～14	—
61	10～17	10～16	10～15	10～14

2. 铜镁绞线

铜镁合金软绞线、铜镁合金硬绞线的结构尺寸及技术性能参数见表 3.20、表 3.21。

表 3.20 铜镁合金软绞线的结构尺寸及技术性能参数

型 号	标称截面 /mm²	计算截面 /mm²	绞线结构	绞线外径 ±5% /mm	参考单位质量±8% /(kg·km⁻¹)	单线强度 /(N·mm⁻²)	综合拉断力 /kN	电阻率 (20 ℃) /(Ω·mm·m⁻¹)
			股数/根数/直径/mm					
THJR	10	9.6	7/7/0.50	4.5	89	≥116	≥5.68	≤0.027 73
	16	16.3	7/7/0.65	5.9	152	≥195	≥9.56	
		16.3	12/7/0.50	6.2	152	≥116	≥9.74	
	25	26.1	19/7/0.50	7.5	246	≥116	≥15.43	
	35	37.6	19/7/0.60	9.0	353	≥167	≥22.21	

注：参考单位质量按密度 8.89 g/cm³ 计算。

表 3.21 铜镁合金硬绞线的结构尺寸及技术性能参数(DIN 48201)

型号	标称截面 /mm²	计算截面 /mm²	绞线结构	绞线外径 ±5% /mm	参考单位质量±8% /(kg·km⁻¹)	综合拉断力 /kN	载流量/A
			根数/直径 /mm				
THJ	10	10.02	7/1.35	4.1	90	≥5.88	≥75
	16	15.89	7/1.70	5.1	143	≥9.33	≥100
	25	24.25	7/2.10	6.3	218	≥14.24	≥130
	35	34.36	7/2.50	7.5	310	≥20.17	≥160
	50	49.48	7/3.00	9.0	446	≥28.58	≥200
		48.35	19/1.80	9.0	437	≥28.39	≥200
	70	65.81	19/2.10	10.5	596	≥38.64	≥245
	95	93.27	19/2.50	12.5	845	≥54.76	≥305

续上表

型号	标称截面 /mm^2	计算截面 /mm^2	绞线结构	绞线外径 ±5% /mm	参考单位质量±8% /(kg·km^{-1})	综合拉断力 /kN	载流量/A
			根数/直径 /mm				
THJ	120	116.99	19/2.80	14.0	1 060	≥67.57	≥350
	150	147.11	37/2.25	15.8	1 337	≥86.37	≥410
	185	181.62	37/2.50	17.5	1 649	≥106.63	≥465
	240	242.54	61/2.25	20.3	2 209	≥142.40	≥560
	300	299.43	61/2.50	22.5	2 725	≥175.80	≥635

注:(1)参考单位质量按密度 8.9 g/cm^3 计算。

(2)载流量条件:风速 0.6 m/s;环境温度为 35 ℃,导线工作温度为 70 ℃。

3.6.3　线索性能

1. 抗拉强度

表示金属材料抵抗拉伸变形的能力,单位为 Pa。抗拉强度由材料单位面积上能承受应力的大小决定。

2. 允许张力

金属材料允许承受拉升或压缩的外力,单位为 N。

3. 综合拉断力

金属材料在拉伸(或压缩)、剪切、弯曲等各种外力作用下,发生断裂时的外力,单位为 N。

4. 线胀系数

线索在温度升高或降低时发生变形的常量,即单位长度的金属线索在温度变化 1 ℃时的伸缩量,单位为 1/℃。

5. 有效电阻

由于交流电通过导体时会发生集肤效应,其截面电阻不是均匀分布的,把导体通过交流电时所具有的等效电阻称为有效电阻。

6. 弹性模数

也称弹性系数。在弹性范围内,金属材料在外力作用下会发生变形,材料抵抗弹性变形的这种能力,称为弹性模数,单位为 Pa。弹性模数越大,表示材料抵抗变形的能力越强,反之亦然。

7. 安全系数

极限应力与许用应力的比叫安全系数。塑性材料用 $K_s=\dfrac{\sigma_s}{[\delta]}$表示;脆性材料

用 $K_b=\frac{\sigma_b}{[\delta]}$ 表示，柔性架空接触网设计的强度安全系数见表 3.22。

表 3.22 柔性架空接触网设计的强度安全系数

<table>
<tr><th colspan="2">名　　称</th><th>强度安全系数</th></tr>
<tr><td colspan="2">新接触线</td><td>≥3.0</td></tr>
<tr><td colspan="2">接触线 25%磨损</td><td>≥2.2</td></tr>
<tr><td colspan="2">承力索</td><td>≥3.0</td></tr>
<tr><td colspan="2">架空地线</td><td>≥2.5</td></tr>
<tr><td colspan="2">软横跨横承力索中的钢绞线</td><td>≥4.0</td></tr>
<tr><td colspan="2">其他线材</td><td>≥3.0</td></tr>
<tr><td rowspan="3">零　　件</td><td>抗　　拉</td><td>≥3.0</td></tr>
<tr><td>抗　　弯</td><td>≥3.0</td></tr>
<tr><td>抗　　滑</td><td>≥1.5</td></tr>
<tr><td rowspan="2">绝 缘 子</td><td>抗　　拉</td><td>≥2.0</td></tr>
<tr><td>抗　　弯</td><td>≥2.5</td></tr>
<tr><td>分段绝缘器</td><td>整体抗拉</td><td>≥2.5</td></tr>
</table>

3.7 悬 挂 形 式

接触网悬挂是向地铁列车供电的主要设备，为了保证受流质量，接触悬挂应满足下列要求：

1. 接触悬挂的弹性应尽量均匀，即悬挂各点在相同受电弓压力作用下，接触线升高应尽量相等。

2. 接触线对轨面的高度应尽量相等，若高度变化时，应避免出现接触线坡度过大。

3. 接触线上不应出现硬点，应保证受电弓平滑运行。

4. 接触悬挂对受电弓应具有足够的稳定性，即列车通过时，悬挂升高要小且均匀，不产生剧烈的摇晃，为达此目的，接触线的张力应足够大。

3.7.1 接触悬挂的种类

架空接触网按悬挂形式的不同，可分为柔性架空接触网和刚性架空接触网，简称柔性悬挂和刚性悬挂。

架空接触网是将接触导线架设于车体上方的一种接触网形式，地铁列车通过受电弓从架空接触网取流，架空接触网可用于铁路干线、城市轨道交通以及工矿列车牵引线路。架空接触网属于无备用的供电设施，所以其可靠性至关重要。

按承力索的设置情况，柔性架空接触网又分为简单悬挂和链型悬挂两种类型。

3.7.2　简单悬挂

1. 户外简单悬挂

简单接触悬挂是一种直接将接触线固定在支持装置上的悬挂方式，简单悬挂只有接触线，没有承力索和吊弦，支柱安装负荷较轻，但是弛度大，弹性不均匀，接触网取流效果差，车辆速度受到限制，一般用于城市有轨电车以及城市轨道交通线路的车辆段等对行车速度要求不高的地段。改进后的简单悬挂采用在悬挂点加上 8～16 m 长的弹性吊索，通过弹性吊索再悬挂接触线，也称为弹性简单悬挂。简单接触悬挂根据其接触线是否进行补偿，又可分为无补偿简单接触悬挂和带补偿简单接触悬挂。无补偿简单接触悬挂的接触线两端下锚方式，可通过一组绝缘子固定在支柱或隧道壁上。当环境温度变化时，由于接触线热胀冷缩的物理特性，其张力和弛度变化很大。带补偿简单接触悬挂每个锚段接触线两端装有补偿装置，当环境温度变化时，接触线弛度变化不大，其张力几乎不变。简单悬挂结构简单、用料省、维修简单，但弛度大、弹性不均，使行车速度受限制。

2. 隧道内简单悬挂

“弹性支架”悬挂形式属于简单悬挂方式，一般采用 2 根接触线及辅助馈线组成，没有承力索，2 根接触线有张力补偿装置。“弹性支架”承载能力较低，支架之间距离限制在 12 m 以内。

“弹性支架”的弹性是通过轴环中设置的橡皮扭转部件获得的。橡皮扭转部件的弹性能克服运行过程中产生的低频振荡，使弓网之间始终处于良好的接触状态，避免受电弓突然跳开造成电流中断。采用此种悬挂方式，由于没用承力索，其对隧道净空要求可以进一步降低，允许的行车速度较低。

3.7.3　链型悬挂

链型悬挂是接触线通过吊弦悬挂到承力索，承力索固定在支持装置上的悬挂方式。链型悬挂比简单悬挂性能要好，但结构复杂，投资也较大，施工维修较为困难。链型悬挂有承力索和吊弦，使接触线增加了悬挂点，从而减小了弛度，提高了弹性和稳定性，行车速度得到较大的提高。吊弦是接触网链型悬挂中承力索和接触线间的连接部件。接触网应弹性均匀，接触线的高度由吊弦来调整，调节吊弦的长度能保证接触线距轨面高度尽量保持一致，以改善受流质量。吊弦分为弹性吊弦、整体吊弦、载流整体吊弦和可调吊弦。

1. 接触链型悬挂分类

(1)按承力索划分

①单链型悬挂:有一根承力索。

②双链型悬挂:接触导线通过短吊弦挂在辅助吊索上,辅助吊索又通过吊弦挂在承力索上。

(2)按补偿方式划分

①无补偿链型悬挂:承力索和接触线都没有补偿装置。

②半补偿链型悬挂:承力索没有补偿,仅接触线有补偿装置。

③全补偿链型悬挂:承力索和接触线均装设补偿装置。

(3)按悬挂点处吊弦划分

①简单链型悬挂:悬挂点处采用简单吊弦。

②弹性链型悬挂:悬挂点处采用弹性吊弦,即吊弦固定在辅助绳上。辅助绳有一定张力和长度,固定在支柱两侧的承力索上,因此支柱处接触线的弹性和跨中各点的弹性比较均匀,适应于高速运行。

(4)按承力索与接触线相对位置划分

①直链型悬挂:承力索在接触线的正上方。

②半斜链型悬挂:直线上接触线呈"之"字形布置,承力索位于线路中心的正上方。

③斜链型悬挂:承力索与接触线相互呈反方向布置。

2. 接触悬挂的特点及使用范围(表 3.23)

表 3.23 接触悬挂的特点及使用范围

悬挂类型	下锚方式	支柱吊弦形式	优 缺 点	使用范围
简单悬挂	不补偿	无	优点:结构简单,施工方便; 缺点:地铁列车取流差	基本不用
	补偿	无	优点:结构简单; 缺点:有硬点,通过速度低	库线、停车场线、专用线等
		弹性吊索	优点:施工方便,净空要求低,投资少,弹性有所改善; 缺点:弛度较大,不适于高速行车	库线、停车场线、专用线等,以及行车速度低于 80 km/h 的线路,受净空限制的旧线隧道改造线路等
链型悬挂	不补偿	简单	优点:结构简单; 缺点:地铁列车取流差	基本不用,渡线半边下锚

续上表

悬挂类型	下锚方式	支柱吊弦形式	优 缺 点	使用范围
链型悬挂	半补偿	简单	优点：弹性较简单悬挂改善，事故后修复容易； 缺点：受承力索弛度影响，接触线弛度变化仍较大，结构高度大，对隧道净空要求高	站线、专用线、停车场线、隧道内等
		弹性	优点：支柱处弹性改善，整个跨距弹性比较均匀； 缺点：同简单支柱吊弦	行车速度在 100 km/h 及以上的正线(除隧道)
	全补偿	简单	优点：弛度变化小，结构高度小，对支柱高度及容量可降低； 缺点：中心锚结及下锚处结构复杂	能适应于高速行车的正线、站线及隧道内
		弹性	优点：弛度变化小，弹性均匀 缺点：同简单支柱吊弦	高速行车的干线

3.8　补偿装置

承力索和接触线的架设，经过多个跨距之后必须在两个终端加以固定，称为下锚。下锚的支柱称为锚柱。接触悬挂的下锚方式有两种：硬锚和张力补偿。简单悬挂和链型悬挂均可以采用硬锚和张力补偿方式。

3.8.1　补偿类型

1. 无补偿链型悬挂

链型悬挂硬锚方式，又称无补偿链型悬挂，它是将承力索和接触线通过绝缘子固定在锚柱上。硬锚锚段内各跨距的承力索和接触线因无补偿，其张力和弛度随气温变化较大，故硬锚方式一般不采用。为了减少弛度受气温变化的影响，根据张力和弛度的关系，在锚柱上设置张力自动补偿器。

经张力自动补偿器下锚的链型悬挂有半补偿和全补偿两种形式。

2. 半补偿链型悬挂

半补偿简单链型悬挂中，仅接触线设有补偿装置，而承力索没有补偿装置，仍为硬锚。当环境温度变化时，这种悬挂由于承力索未补偿，承力索的张力和弛度随之发生变化；而接触线由于两端安装有补偿器，接触线会顺线路方向位移。一般情况下，环境温度在 20 ℃及以上时，定位应向下锚方向偏移，距离下锚越近，位移越大。

3. 全补偿链型悬挂

全补偿简单链型悬挂锚段中的承力索和接触线两端均装设有补偿器。当环境温度变化时，承力索和接触线的补偿器调节承力索和接触线的弛度，使其几乎不变。

3.8.2 补偿装置

接触网补偿装置，又称张力自动补偿器，它设在锚段两端，能自动补偿接触线或承力索内的张力，是自动调整接触线或承力索张力的补偿器及其制动装置的总称，通常由滑轮和坠砣组成。其作用是温度变化时，线索受温度影响而伸长或缩短，由于补偿器坠砣的质量作用，可使线索沿线路方向移动而自动调整线索张力，使张力恒定不变，并借以保持线索弛度满足技术要求。补偿装置中的坠砣串能随温度的变化而升高或降低是因为坠砣串同时受到自身重力和接触线（或承力索）张力的作用，当温度不变时处于平衡的状态，坠砣不升不降；当温度升高时，接触线（或承力索）长度增加，在坠砣自身重力的作用下，坠砣会随着温度升高而降低；反之，当温度下降时，接触线（或承力索）就会缩短，坠砣上升，从而能使线索内保持恒定的张力。为减少温度变化对线索长度及弛度的影响，一般在一个锚段两端，在接触线及承力索内串接张力自动补偿装置后，再进行下锚。

对张力自动补偿装置的要求有二：其一，补偿装置应灵活，在线索内的张力发生缓慢变化时，应能及时补偿，传送效率不应小于 97%；其二，具有快速制动作用，一旦发生断线事故或其他异常情况，线索内的张力迅速发生变化时，补偿装置还应有一种制动功能。一般对于全补偿的承力索内的补偿装置，如不具备这种功能时，还需专门增加断线制动装置，以防止在发生断线时，坠砣串落地而造成事故扩大、恢复困难。

接触网补偿装置有棘轮式、滑轮式、鼓轮式、液压式及弹簧式等多种类型。

1. 棘轮式补偿装置

接触网的正线段大多采用棘轮式补偿装置，外形及结构如图 3.10 所示。棘轮装置的棘轮与其他工作轮共为一体，没有连接复杂的滑轮组，安装空间比铝合金滑轮补偿装置小很多，可以解决空间受限时的补偿问题。棘轮本体大轮直径为 566 mm，小轮直径为 170 mm，传动比为 1∶3，补偿绳为柔性不锈钢丝绳，比普通不锈钢丝绳性能更好，工作荷重有 30 kN、36 kN 两种，主要优点是具有断线制动功能，正常工作状态下，棘齿与制动卡块之间有一定间隙，棘轮可以自由转动；当线索断裂后，棘轮和坠砣在重力作用下下落，棘齿卡在制动卡块上，从而可以有效地缩小事故范围、防止坠砣下落侵入限界。

棘轮装置具有转动灵活、传动效率高（与铝合金滑轮补偿装置相当）、防腐性能

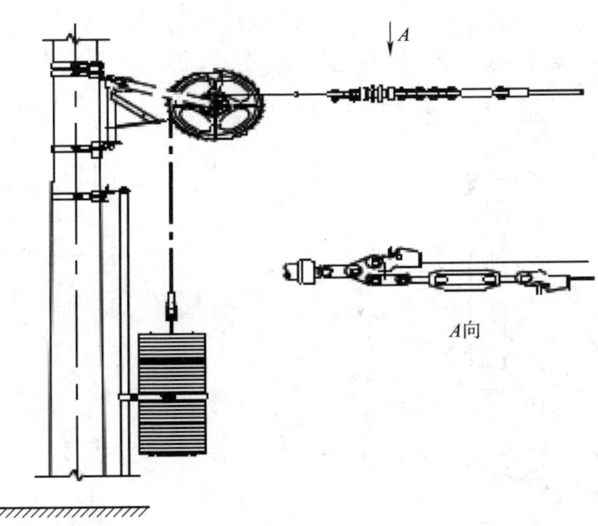

图 3.10　棘轮式补偿装置结构

好、使用寿命长等优点，但价格较高。由于棘轮本体形状复杂、轮径大、薄壁部位多，因而制造上对设备的要求很高，同时对铸造技术水平的要求也很高。

棘轮补偿装置在应用中，有多种安装形式：

(1)接触线、承力索补偿棘轮为上下布置，这种布置对支柱高度、容量要求较高。

(2)承力索、接触线下锚棘轮水平布置，分别安装在支柱的两侧。

(3)承力索、接触线共用一个棘轮的并联棘轮补偿装置。

2. 滑轮式补偿装置

(1)主要组成部分

滑轮式补偿装置由补偿滑轮(滑轮组)、补偿绳、杵环杆、坠砣杆、坠砣、连接零件组成。

①补偿滑轮及补偿绳

补偿滑轮分为定滑轮和动滑轮(构造相同)，定滑轮改变受力方向，动滑轮除改变受力方向外还可省力和移动位置。滑轮一般都装有轴承，其结构如图 3.11 所示。中国电气化铁道补偿滑轮早期为 130 mm 小直径可锻铸铁，补偿绳为 50 mm^2(19 股)镀锌钢绞线 GJ-50，补偿滑轮半径较小，造成补偿绳易因弯曲疲劳而断股。目前，铝合金滑轮补偿装置是可锻铸铁滑轮组的替代产品。铝合金滑轮补偿装置由滑轮组、不锈钢丝绳、连接框架及双耳楔形线夹组成，备有 1∶2、1∶3、1∶4 三种规格，可满足不同标准张力要求，其结构形式如图 3.12 所示。滑轮轮体按不同组合要求，备有 165 mm、205 mm、270 mm 三种直径，材质为 ZL114A 铝合金，制造工艺为国际先进的金属模低压铸造，轮体与轴连接采用 2 个滚动轴承，补偿绳为不锈钢丝绳，最大工作荷重 1∶2 型为 12 kN、1∶3 型为 18 kN、1∶4 型为 22 kN。

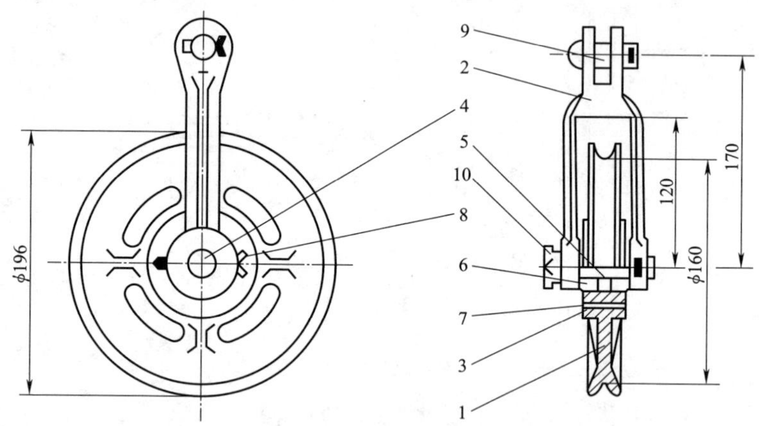

1—圆轮；2—框架；3—盖板；4—轴；5—滚动轴承；6—挡环；
7—螺钉；8—开口销；9—销钉；10—注油盖子。

图 3.11 补偿滑轮结构(单位：mm)

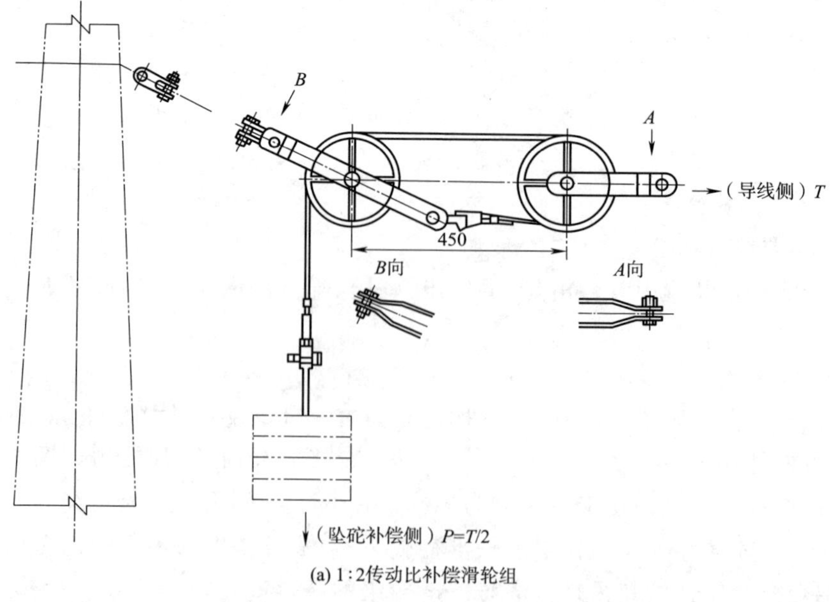

(a) 1∶2传动比补偿滑轮组

图 3.12

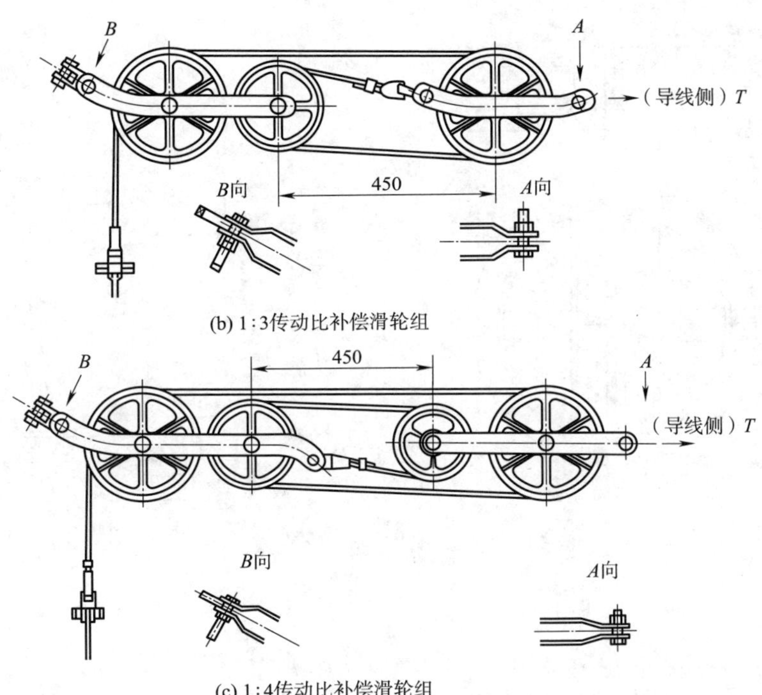

(b) 1∶3传动比补偿滑轮组

(c) 1∶4传动比补偿滑轮组

图 3.12　铝合金滑轮补偿装置(单位:mm)

与可锻铸铁滑轮相比,铝合金滑轮质量轻、强度高、耐腐蚀性能好、轮径大;柔韧的不锈钢丝绳与大轮径的轮槽贴合密切,是镀锌钢绞线和小轮径滑轮无法比的;两个滚动轴承比一个滚动轴承受力更加均匀,转动平稳、灵活;加上在结构、设计、制造方面都精良的连接框架,保证了铝合金滑轮补偿装置具有较高的机械强度和传动效率,且质量轻、寿命长。铝合金滑轮补偿装置的主要缺点是随着变化的增大,整套装置的体积和质量也明显增加,在空间受限制的隧道等处安装困难。

②坠砣及坠砣杆

坠砣块一般采用混凝土或灰口铸铁制成,每块约重 25 kg,质量误差不大于 3%,呈中间开口的圆饼状。铸铁坠砣和混凝土坠砣相比,坠砣串的长度较短,可以获得更大的补偿范围,在锚段长度较长(比如大于 1 600 m)时,能满足补偿坠砣移动范围要求。但是造价较高,易丢失。坠砣杆一般由直径 16 mm 圆钢加工制成,上端有单孔焊环,底部焊有托板。坠砣杆的型号规格,根据其放置坠砣块数量的不同分为三种:17 型、20 型和 30 型。型号中的数字表示坠砣杆所悬挂坠砣的数量。坠砣如图 3.13 所示。

补偿装置质量允许偏差为额定质量的±2%,坠砣串质量应包括坠砣杆、坠砣

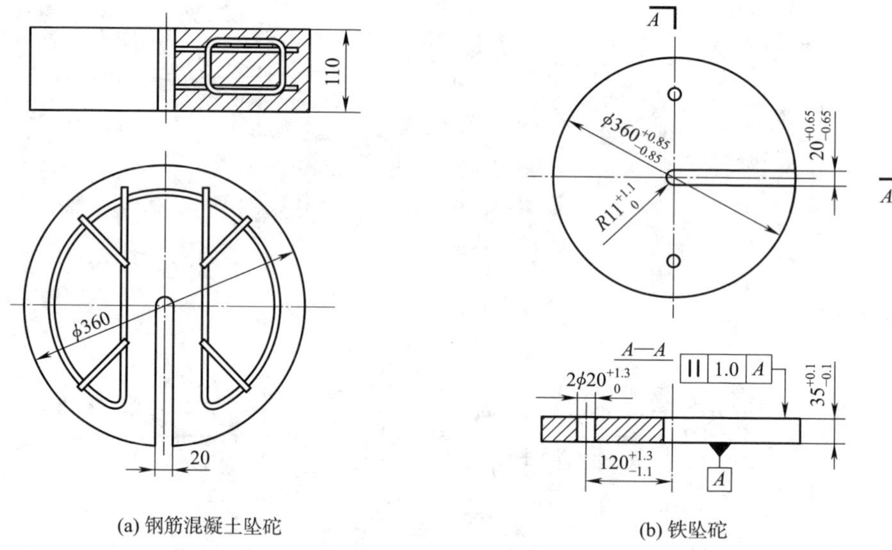

(a) 钢筋混凝土坠砣　(b) 铁坠砣

图 3.13　坠砣(单位:mm)

抱箍及连接的楔形线夹质量。运行速度在 160～200 km/h 时,对补偿坠砣质量提出了更严格的要求,补偿坠砣串的质量允许偏差为±1%。同一锚段两坠砣串质量的相对偏差不大于 1%。

(2)补偿装置的安设与要求

补偿装置串接在锚段内线索两端与支柱固定处,根据接触悬挂类型的不同要求补偿装置有不同的结构。

半补偿时,接触线带补偿器(即补偿装置),多采用两滑轮组结构,滑轮组的传动比为 1∶2,即坠砣块的重力为接触线标称张力的一半。

全补偿时,接触线与承力索两端均带补偿器,接触线补偿器的安设与半补偿相同。承力索补偿器则采用三滑轮组式,传动比为 1∶3。采用传动比比较大的滑轮组时坠砣串的块数减少,但坠砣串上升和下降的距离也会按倍数增大,减小了补偿器的补偿范围,不利于施工和维修。

在运营线路上,当接触线因磨耗其截面逐渐减小时,坠砣串块数也相应地减少,使接触线维持一定的张力,防止出现断线事故,线索的张力是根据线索的抗拉断力除以安全系数决定的。铜或铜合金接触线在最大允许磨耗面积 20%的情况下,其强度安全系数不应小于 2.0。承力索的强度安全系数,铜或铜合金绞线不应小于 2.0,钢绞线不应小于 3.0,钢芯铝绞线、铝包钢和铜包钢系列绞线不应小于 2.5。

不同材质、不同截面积线索，选用张力不同时，坠砣的质量（片数）和传动比会有所不同。

早期电气化铁路接触网全补偿安装采用了接触线、承力索在支柱异侧下锚的安装方式。运行表明，这种安装方式下，支柱顶端的定滑轮顺线路方向上的偏角不可调整，造成补偿绳和滑轮轮槽发生偏磨，严重时补偿绳可能从轮槽中脱出。目前，补偿装置的安装趋于使用同侧下锚，即接触线、承力索在支柱同侧下锚。同侧下锚时，补偿滑轮在补偿绳的拉力作用下，和补偿绳在一条直线上，可以减少偏磨，也要注意防止承力索补偿绳和接触线补偿滑轮上的双环杆相磨。

为了防止在外力（比如风力）作用下，坠砣串摆动侵入行车限界，补偿装置装设有限界架。提速以后，对限界架进行了改进，在坠砣上加装坠砣报箍，使坠砣只能沿着坠砣限制导管的方向上下移动。这种方式增强了坠砣稳定性，但是要注意防止坠砣报箍卡滞限制导管的发生。

为了平衡锚柱承受的线索顺线路方向张力，锚柱要设置下锚拉线。拉线的固定有两种方法，一种是埋设锚板固定，一种是混凝土现浇地锚。

(3)补偿器的 a、b 值

①a、b 值

坠砣杆耳环孔中心至补偿（定）滑轮下沿的距离为 a 值。坠砣串最下一块坠砣的底面至地面（或基础面）的距离称为补偿器的 b 值。补偿器 a、b 值随温度变化而发生变化，接触线和承力索补偿器的 a、b 值不相等。

补偿器靠坠砣串的重力使线索的张力保持平衡。当温度变化时，线索的伸缩使坠砣串上升和下降，当坠砣串升降超出允许范围时（如下降过多使坠砣串底面接触地面或上升过多使坠砣杆耳环杆卡在定滑轮槽中），都会使补偿器失去作用。因此用补偿器的 a、b 值来限定坠砣串的升降范围。

为了使补偿器不失去补偿作用，对补偿器 a、b 值提出以下要求：

在最低温度时，a 值应大于零；在最高温度时，b 值应大于零。根据《普速铁路接触网运行维修规则》，补偿器 a、b 值的最小值不小于 200 mm，在进行接触网设计时，a、b 值不小于 300 mm。

②补偿器 a、b 值的计算及坠砣安装曲线

在不同温度时，补偿器 a、b 值不同，其计算方法为

$$a=a_{\min}+nL\alpha(t_x-t_{\min})$$

$$b=b_{\min}+nL\alpha(t_{\max}-t_x)$$

式中 $a_{\min}$——设计时规定的最小 a 值，mm；

$b_{\min}$——设计时规定的最小 b 值，mm；

$t_{\min}$——设计时采用的最低气温，℃；

t_x——安装或调整作业时的温度,℃;

t_{max}——设计时采用的最高气温,℃;

n——补偿滑轮传动系数(即传动比的倒数);

L——锚段内中心锚结至补偿器间距离,mm;

α——线索的线胀系数,1/℃。

新线架设时,接触网线索存在初伸长问题,即线索承受张力后,会蠕变延伸。线索的初伸长会影响到接触网施工时的补偿器 b 值。新线考虑线索延伸时,其 a、b 值的计算公式为

$$a=a_{min}+n\theta L+nL\alpha(t_x-t_{min})$$

$$b=b_{min}+n\theta L+nL\alpha(t_{max}-t_x)$$

式中 θ——新线延伸率,承力索为 3.0×10^{-4},接触线为 6.0×10^{-4}。

3. 弹性补偿器

在气温升高时,软横跨会因此松弛,造成接触网下坠;或是钢柱承受额外的大张力,严重威胁接触网安全。因此,现在上海地铁各个站场中多股道的软横跨使用了弹性补偿器,如图 3.14 所示。

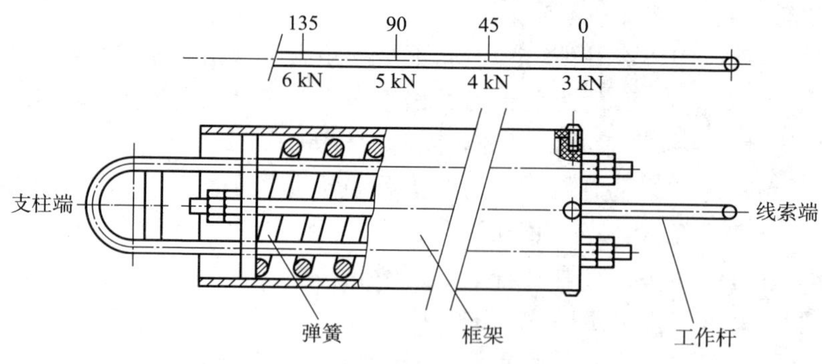

图 3.14 弹性补偿器

弹性补偿器工作原理为虎克定律。其内部固定有一个弹簧,弹簧具有一定的初始压缩力。当软横跨定位绳伸长时,弹簧被释放,工作杆收回拉紧软横跨定位绳;当软横跨定位绳收缩时,弹簧被压缩,工作杆伸出,使软横跨定位绳的张力保持在一定范围内。目前弹性补偿器有 0~3 kN、3~6 kN 两种型号。弹性补偿器具有结构简单、安装方便、价格低廉等优点。

4. 鼓轮式张力自动补偿装置

我国在(北)京—秦(皇岛)线部分站场及正线上,试行装设无中心锚结、带变化鼓轮补偿装置的并联下锚方式,以便在无中心锚结状态下防止接触悬挂的窜动。

这种全补偿下锚方式的特点就在于用平衡板将承力索与接触线平行地“并联”

在一起下锚，以便只利用一套特殊的补偿滑轮（鼓轮）装置就可以预防整个接触悬挂的窜动。利用锚段两端全补偿下锚装置的坠砣，通过补偿绳对整个锚段的接触悬挂施加规定的张力，此张力在悬挂中承力索与接触线之间的分配，取决于平衡板上中间与绝缘子串的连接点和两端与承力索、接触线的连接点之间两段距离的比值。

这种方式中所用的特殊补偿滑轮（鼓轮）称为变比补偿鼓轮（鼓轮传动），它的结构及主要尺寸标示于图 3.15 的 A 向、B 向、C 向及 D 向中。

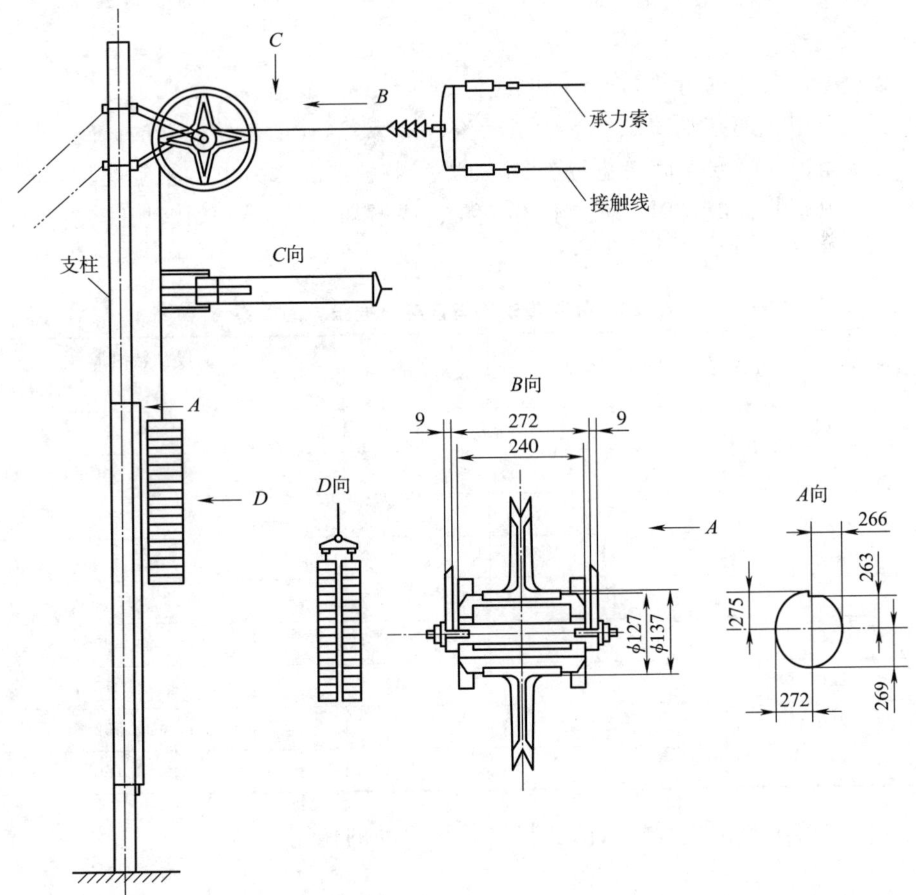

图 3.15　鼓轮式张力自动补偿装置（单位：mm）

从图 3.15 中的 B 向可见，这种补偿鼓轮中央有一根轴，轴的两端装有滚动轴承，形成一体的鼓轮，靠其两端的轴承孔套于轴承外圈从而撑于滚动轴承上，并可绕轴自由旋转。在鼓轮零件上，直径较小（$\phi127 \sim \phi137$ mm）的鼓轮部分具有由中间向两端缩小的锥度,鼓轮是和滑轮在一起的,滑轮直径约是鼓轮的 4 倍,滑轮上具有一个沟槽,补偿绳在沟槽内转动,具有沟槽形状的滑轮外廓为特制的涡状曲线形状,其尺寸如图 3.15 中的 A 向所示。半径由 263 mm 逐渐均匀增大至 269 mm、275 mm,平均每隔 30°增大 1 mm。该涡状曲线其实就是一段所谓的阿基米德螺线,其方程以极坐标表示时为

$$\rho=a\theta+r_0\ (0°\leqslant\theta\leqslant360°)$$

式中 ρ——曲线的极坐标,mm;

θ——曲线的极坐标,°;

a、r_0——常数。

对于上述尺寸的滑轮,常数 r_0 取值为 263 mm,a 取值为 1/30°。

由于采用了阿基米德螺线形的滑轮沟部外廓,当补偿鼓轮回转时,鼓轮的传动比随回转角度 θ 的变化而变化,从而施加于接触悬挂的张力也将相应变化,即张力将随鼓轮的顺时针或逆时针回转而相应减少或增加,其回转角、传动比与施加于悬挂的张力三者间的关系见表 3.24。

表 3.24 鼓轮传动比与接触悬挂张力的关系

悬挂(+)缩(−)值/mm	回转角度	补偿鼓轮的传动比	接触悬挂张力/kN (当坠砣总重为 6.25 kN 时)
−440	−360°	420∶1	26.250 0
−330	−270°	415∶1	25.937 5
−220	−180°	410∶1	25.625 0
−110	−90°	405∶1	25.312 5
0	0°	400∶1	25.000 0
+110	+90°	395∶1	24.687 5
+220	+180°	390∶1	24.375 0
+330	+270°	385∶1	24.062 5
+440	+360°	380∶1	23.750 0

带变化鼓轮补偿装置具有防止接触悬挂窜动的作用。

3.9 吊 弦

在链型悬挂中,接触线通过吊弦悬挂在承力索上,利用调节吊弦长短来保证接触悬挂的结构高度和接触线高度,从而改善接触悬挂的弹性,提高受电弓的受流质量。

3.9.1　吊弦的类型

吊弦一般有环节吊弦、活动吊弦、弹性吊弦和整体吊弦四种，地铁接触网使用最多的是整体吊弦。

1. 环节吊弦

环节吊弦一般由 2 节或 3 节连在一起，根据吊弦在跨距中所处位置及悬挂结构高度的不同确定。

2. 整体吊弦(图 3.16)

整体吊弦可分为不可调整体吊弦(线夹固定)、可调整体吊弦、带载流环可调整体吊弦和带载流环不可调整体吊弦。后三种采用心形环和各种形式的吊弦线夹固定在承力索或弹性吊索上。带载流环的吊弦适合于短路电流大的系统，因而吊弦线的两端也用耳形导线接头与吊弦线夹相连接并用螺栓固定。

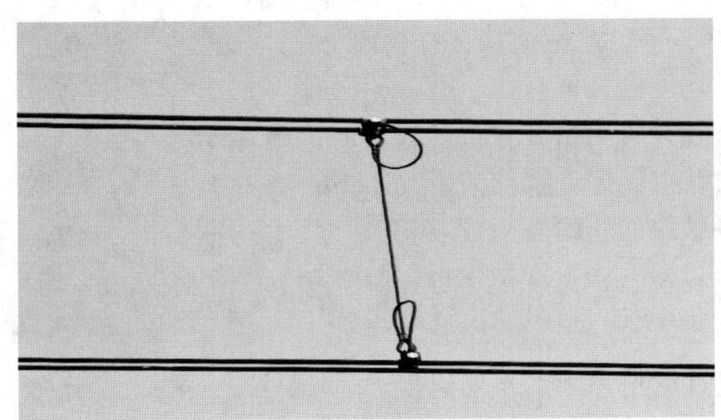

图 3.16　整体吊弦

3.9.2　吊弦的计算

1. 吊弦的布置计算

由支柱到第一根吊弦距悬挂点的距离是根据线路情况设计的，一般地铁接触网采用 4 m 居多，跨中吊弦以间距 8～12 m 均匀布置。吊弦间距为

$$x_0=\frac{l-2\times 4}{k-1}$$

式中　x_0——吊弦间距，m；

l——跨距，m；

k——布置的跨距内吊弦根数。

2. 吊弦的长度计算

吊弦数量和间距确定后，跨距中各吊弦的长度应根据所在跨距的悬挂方式、承力索的张力、结构高度及吊弦在跨距中的位置来确定。吊弦长度为

$$C=h-\frac{gx(l-x)}{2T_c} \quad 或 \quad C=h-\frac{4x(l-x)}{l^2}F_0$$

式中 C——吊弦长度，m；

l——跨距长度，m；

h——悬挂点结构高度，m；

x——所求吊弦距支柱定位点的距离，m，

g——接触悬挂的单位质量，N/m；

F_0——接触线无弛度时承力索弛度，m；

T_c——承力索的张力，N。

3. 吊弦偏移的计算

①全补偿链型悬挂吊弦偏移计算公式为

$$E=L(\alpha_j-\alpha_c)(t_x-t_p)$$

式中 E——所要计算的吊弦在接触线上的位移，mm；

L——安装点至中心锚结的距离，mm；

α_j——接触线的线膨胀系数，1/℃；

α_c——承力索的线膨胀系数，1/℃；

t_x——安装（或调整）时的温度，℃；

t_p——设计时所采用的平均温度，℃，$t_p=\frac{t_{max}+t_{min}}{2}$。

②半补偿链型悬挂吊弦偏移计算公式为

$$E=L\alpha_j(t_x-t_p)$$

在极限温度时，半补偿链型悬挂中，吊弦下部顺线路方向的偏移不得超过30°，当吊弦在顺线路方向对垂直线的偏移角大于30°时，应改为活动吊弦；全补偿链型悬挂中，温度变化时承力索和接触线同时发生位移，两种材质的线膨胀系数差别不大，所以吊弦不会产生大的偏移（顺线路方向），一般应垂直安装，但在垂直线路方向的偏移不得超过20°。在无偏移温度时，吊弦偏移值为零。

安装或调整温度高于平均值即 E 值为正值时，吊弦应向下锚方向偏移。安装或调整温度低于平均温度即 E 值为负值时，吊弦应向中心锚结偏移。

3.10 锚段与锚段关节

两个相邻锚段的衔接部分（重叠部分）称为锚段关节，如图3.17所示。它的作用

是保证列车受电弓能平滑地由一个锚段过渡到另一个锚段，且弓线接触良好，取流正常。

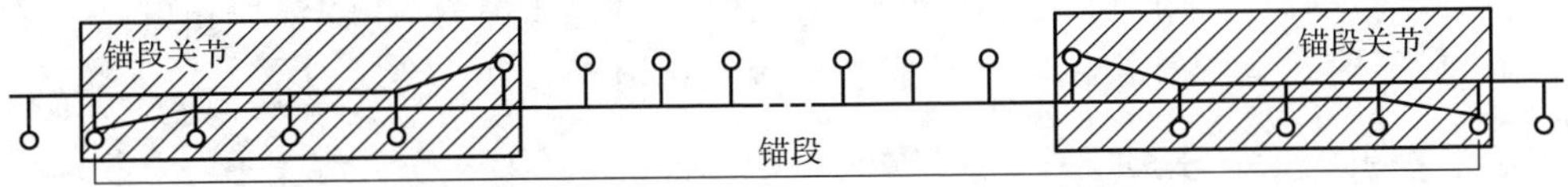

图 3.17　锚段及锚段关节示意

锚段关节按其用途可分为非绝缘锚段关节和绝缘锚段关节两种，按其所含跨距数可分为三跨、四跨、五跨、七跨锚段关节等几种形式。

3.10.1　三跨非绝缘锚段关节

非绝缘锚段关节仅用作接触悬挂在机械方面的分段，即两个锚段在电气上不绝缘，又称电不分段锚段关节。

三跨非绝缘锚段关节由三个跨距组成，它包括两根下锚柱和两根转换柱及电连接线，通过这些设备实现锚段的衔接和过渡。三跨非绝缘锚段关节结构如图 3.18 所示。

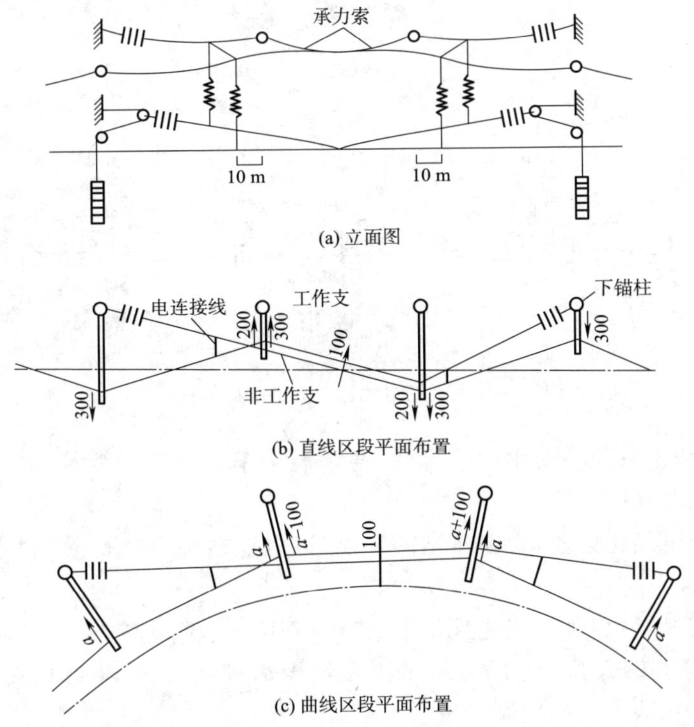

图 3.18　三跨非绝缘锚段关节结构（单位：mm）

在锚段关节内，两锚段承力索和接触线相互重叠，其中一组接触线与受电弓接触工作的称为工作支，另一组接触线抬高脱离受电弓去下锚的称为非工作支。受电弓在三跨锚段关节两转换柱间实现两个锚段过渡。为保证相邻锚段在电路上的连通，在锚段关节两转换柱与锚柱间各装设一组电连接线。

3.10.2 四跨绝缘锚段关节(图 3.19)

绝缘锚段关节除机械分段外，可实现同相电分段，多用于站场和区间的衔接处，所以又称为电分段锚段关节。

四跨绝缘锚段关节一般由四个跨距配合一台隔离开关组成，它包括两根锚柱、两根转换柱和一根中心柱，形成四个跨距。列车受电弓在中心柱处实现两锚段的转换和过渡，两锚段靠安装在转换柱上的隔离开关实现电气连接。四跨绝缘锚段关节结构如图 3.19 所示。图中，J 表示绝缘锚段关节，ZJ_2、QJ_2 为中心支柱装配形式，ZJ_1、ZJ_3 及 QJ_1、QJ_3 表示直线区段和曲线区段的转换支柱的装配形式。

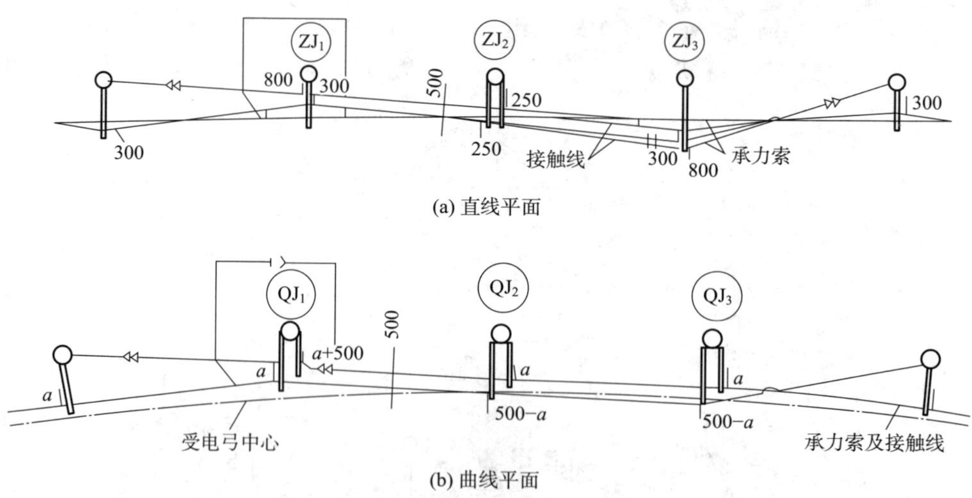

图 3.19 四跨绝缘锚段关节结构(单位：mm)

四跨绝缘锚段关节应用比较广泛，通常设于车站及长大建筑物的两端。设计要求中规定：

(1)单线电气化区段，宜在车站的一端(以电源侧为好)设绝缘锚段关节，并应装设隔离开关。

(2)双线电气化区段，应能满足上下行分别停电、检修安全，实现 V 形天窗、反向行车的要求，按 V 形天窗的停电范围设绝缘锚段关节，并装设负荷开关或消弧电动隔离开关，纳入远动控制为宜。

(3)绝缘锚段关节的位置可不受站场信号机位置的限制，但其转换柱的位置应设在距站场最外道岔岔尖 50 m 以外(以便于机车转线)。

三跨和四跨锚段关节的有关技术要求如下：

(1)四跨绝缘锚段关节两悬挂间的有效绝缘距离须大于 400 mm(一般来说，两转换柱跨距内两导线水平间距为 400～500 mm)。转换柱处两悬挂的垂直距离：采用悬式绝缘子分段时应保持 400～500 mm；采用绝缘杆件(直径为 150 mm 及以下)分段时应保持 350～400 mm。接触线分段绝缘子或绝缘杆的下裙边应高于工作支接触线 100 mm 以上。两接触线工作转换点的高度应尽量一致，允许误差为 20 mm (中心柱两接触线距轨面等高)，两接触线的水平距离应保持 400 ～ 500 mm。

(2)三跨非绝缘锚段关节两转换柱之间，两接触线的水平距离为(100±30) mm，垂直距离为 200～250 mm。锚支接触线在其水平投影与线路钢轨相交处高于工作支接触线 300 mm。

(3)锚支接触线在补偿动滑轮处要比工作支的接触线抬高 500 mm。

(4)分段绝缘子串至锚支定位卡子间的距离在最高温度下不小于 800 mm。

(5)安装吸流变压器的锚段关节，在两转换柱处两导线水平间距为 300～400 mm，垂直距离为 300～400 mm。

(6)机械分段锚段关节内两悬挂各部分(包括零件)之间的距离在设计极限温度下应保持 50 mm 以上。

(7)定位管能自由偏移无卡滞，锚支定位卡子安装正确，铁件无锈蚀。

(8)各部零件安装正确，连接牢固。

3.11　线　　岔

在站场上两股道相交形成道岔，两股道接触网在道岔上方交叉则形成线岔。通过两条接触线以某一角度交叉或保持特殊的相对位置关系，可保证列车通过线岔时受电弓能沿其中任一条接触线滑行。线岔的作用是保证列车受电弓安全平滑地由一条接触线过渡至另一条接触线，达到转换线路的目的。线岔有交叉线岔和无交叉线岔两类。

3.11.1　交叉线岔

交叉线岔在两接触网交叉处用限制管固定，限制两相交接触线位置。

当列车受电弓从一股道通过线岔时，由于受电弓有一固定宽度，因此在未运行到两导线交叉点时，即已接触到另一股道接触线，该处被称为线岔的始触点。在接触瞬间，本股道接触线因受电弓抬升力的作用已有一升高值，而相邻股道接触线仍保持原有高度，此时会出现两导线不等高现象。为保持两导线在始触点基本等高，使受电弓在始触点处不发生刮弓和钻弓事故，两导线交叉点处应安装一个限制管。

3.11.2 交叉线岔的结构

交叉线岔的结构如图 3.20 所示，由两条相交接触线、一根限制管和固定限制管的线夹、螺栓组成。

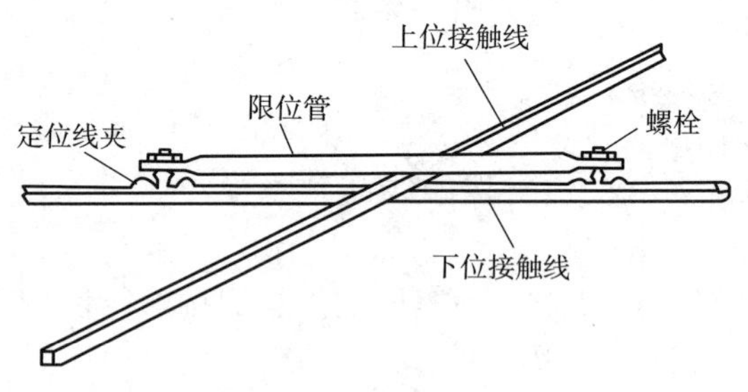

图 3.20 交叉线岔结构

限制管两端，用定位线夹固定在下面的接触线上，从而使两相交接触线互相贴近。当上位接触线升高时，通过限制管带动下位接触线同时升高，以消除始触点两导线的高差。

限制管采用 3/8 英寸镀锌钢管加工而成，两端扁平有圆孔，用以固定定位线夹。其长度根据所安装接触线处至中心锚结的距离确定：当距离小于 500 m 时，采用 500 型（长度约为 1 300 m）；当距离大于 500 m 时，选用 700 型（长度约为 1 550 m）。

若在平均温度安装，限制管中心重合于接触线交叉点；若安装温度高于平均温度，应略偏于下锚方向；若安装温度低于平均温度，应略偏于中心锚结方向。

3.11.3 交叉线岔的定位

线岔的定位是指两导线交叉点的投影在道岔导曲线两内轨轨距的位置，其位置与道岔类型有关，一般应使两接触线的交叉点位于道岔曲线间距 350～700 mm 处。

1. 单开道岔

单开道岔是铁路最基本也是应用最多的形式，线岔也是如此。单开道岔处接触线的定位方式有两种，即标准定位和非标准定位。

标准定位时，两接触线相交于道岔导曲线两内轨轨距 745 mm 处。标准定位的合理位置是由定位支柱决定的，定位支柱应位于距接触线交点 1 000～1 500 mm 处，最好在道岔导曲线两内轨轨距为 835 mm 处，即两线路中心距离为 600 mm 处的位置上。标准定位时，接触线在支柱处的拉出值为 350～400 mm，通常取平均值 375 mm。支柱与道岔、线岔的相对位置见表 3.25。

表 3.25　标准定位时，支柱与道岔、线岔的相对位置

道岔类型	道 岔 号	标准定位点至道岔理论中心距离 X/mm	定位点至线岔中心点的距离 D/mm	拉出值/mm
单开道岔	1/9	4 350	1 164	375
	1/12	5 720	1 552	375

单开道岔线岔定位如图 3.21 所示。

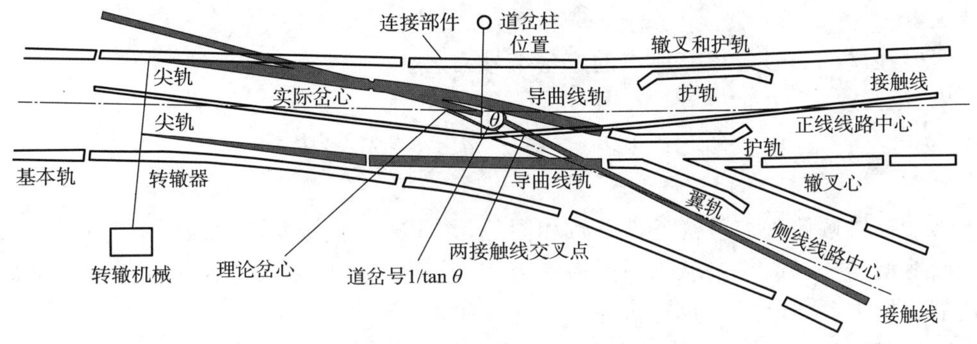

图 3.21　单开道岔线岔定位

非标准定位时，定位支柱位于道岔导曲线两内轨轨距为 735～935 mm 处，即两线路中心距离为 500～700 mm 的范围内。

2. 对称和复式交分道岔

对于对称(双开)道岔和复式交分道岔，其线岔的布置形式类似于单开道岔。

3.11.4　交叉线岔的技术要求

1. 单开道岔的标准定位，两接触线相交于道岔导曲线两内轨相距 630～800 mm 的横向中心处，其中心偏差不得超过 50 mm。非标准定位时，接触线相交于道岔导曲线两内轨相距 735～935 mm 的横向中心处。

2. 在线岔的交叉处，正线接触线要装在侧线接触线的下方，侧线接触线上下活动间隙为 1～3 mm，限制管安装牢固，防松垫片良好，接触线能自由伸缩无卡滞。

3. 由正线与侧线组成道岔时，两工作支相距 500 mm 处侧线接触线应高于正线接触线 10～30 mm。

4.由侧线与侧线组成线岔时,两工作支在相距500 mm处应等高,允许误差20 mm;非工作支应高于工作支50～100 mm。

5.对于复式交分道岔,两接触线应相交于中轴支距的中点;对于交叉渡线,两接触线的交点应位于两渡线中心线的交点处。两种线岔允许横向和纵向偏差均为50 mm。两接触线相距500 mm处应等高,允许高差20 mm。

6.定位点处工作支拉出值标准定位为350～400 mm,非标准定位一般不得大于450 mm。

7.两支导线的定位器等零件均不得发生卡滞,在极限温度范围内互不妨碍纵向位移。

8.线岔始触区(即当列车受电弓直线工作部分宽度为1250 m时,两工作支中任一工作支的水平投影距另一股道线路中心400～850 mm区域)不得装设任何线夹。

9.线岔的编号应以其所在的道岔编号命名。

3.12 中心锚结

在锚段两侧张力补偿条件大致相同处,并在跨中把接触线锚固在承力索上(半补偿链型悬挂),或将接触线锚固在承力索上,同时承力索通过补偿辅助绳锚固在两端支柱上(全补偿链型悬挂)的一套装置叫中心锚结。

接触悬挂的每一个锚段,它的导线都是独立的线段,在正常情况下,无论是硬锚还是补偿下锚,一个锚段内的导线都是作为整体而工作的。导线在温度变化时要伸长(或缩短),对于两端硬锚的导线,纵向不会产生位移,导线所产生的伸长都耗散在每一个跨距内。两端补偿下锚的导线,因导线上各种拉力和阻力不同,两端会出现不平衡的拉力,从而使导线向一端移动。为了防止这种现象的产生以及当锚段内出现断线后能缩小事故范围,可以在锚段约一半长度的一个跨距内(锚段中间部位)设置中心锚结,将该点的导线拉紧固定,在任何情况下,该点都不会出现偏移。中心锚结的结构根据接触网的悬挂类型及安装地点而有所不同。

在早期的柔性接触网中,中心锚结有承力索中心锚结和接触线中心锚结两种形式,接触线中心锚结又分防窜和防断两种。接触线中心锚结有三种形式:"V"字形式、倒"八"字形式和"八"字形式;承力索中心锚结也有三种形式:两跨式、三跨式、软横跨中心锚结。在刚性接触网中,接触线中心锚结并无断线情况发生,所以一般只起到防窜作用。

按地铁接触网各种类型,中心锚结有以下形式:

链型悬挂：双承力索中心锚结和双接触线中心锚结；

单承力索中心锚结和单接触线中心锚结；

单承力索中心锚结和双接触线中心锚结。

简单悬挂(含简单弹性悬挂)：单接触线中心锚结或双接触线中心锚结。

刚性悬挂：单接触线中心锚结。

中心锚结的布置原则：在两端装有补偿器的锚段里，必须加设中心锚结。其原则是：使中心锚结两端张力大致相等，且需要尽量靠近锚段中部位置。直线曲段中心锚结设在锚段中部，曲线曲段、曲线半径相同的整个锚段仍设在锚段中部，当锚段处于直线和曲线共有区段且曲线半径不等时，应设在靠近曲线多、半径小的一侧。

中心锚结作用：其一为防窜作用，一个锚段在两端补偿时，中心锚结设在锚段的中部地方进行固定，当温度变化或张力不均衡时可防止线索向一侧移动；其二为缩小事故范围作用，当中心锚结的一侧线索发生断线时，不致影响另一侧的接触网，缩短修复事故(故障)时间和减少恢复所需要的工作量。

3.12.1　中心锚结形式

在各种悬挂中，中心锚结安装形式都不尽相同，下面进行一一说明。

1. 链型悬挂

(1)全补偿链型悬挂

全补偿链型悬挂是地铁接触网的地面段或高架段以及部分车辆段的主要形式。一般正线上采用双承力索和双接触线形式较多，如图3.22、图3.23所示，在部分存车线、折返线或渡线使用单承力索和单接触线形式，单承力索双接触线使用不多，主要在两线路共运行的接口地段采用。

图3.22　双接触线中心锚结(“八”字形单边)

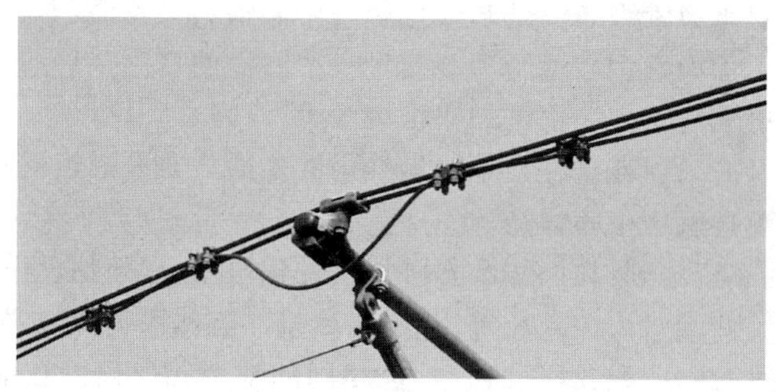

图 3.23 双承力索中心锚结(两跨式)

双承力索双接触线的链型悬挂方式多数情况下两端都是补偿下锚,均可能因两端张力不平衡而产生移动,所以承力索和接触线都设置了中心锚结进行固定。接触线的中心锚结一般采用防窜形式较多,即在两支柱中心位置接触线中心锚结绳与承力索用线夹进行固定。该种承力索的中心锚结有两种:两跨和三跨。"八"字形的接触线中心锚结为两跨,在中间支柱上将中心锚结绳子用 4 个线夹固定在承力索上,在两端支柱上进行下锚。倒"八"字的接触线中心锚结为三跨,在接触线中心锚结两端支柱上均将中心锚结绳固定在承力索上,再延长一个跨进行锚固,使该跨的承力索不产生位移。该辅助绳的中间与承力索固定,两端锚固定在支柱上,安装时辅助绳抬高锚固,一般不低于承力索的高度,如图 3.24 所示。

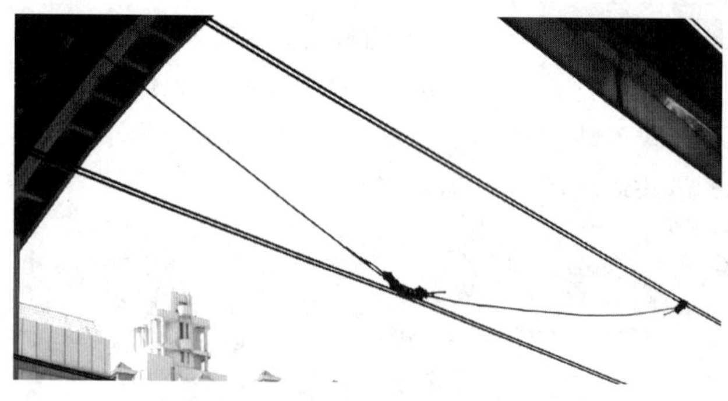

图 3.24 倒"八"字接触线中心锚结

单承力索单接触线的链型悬挂方式采用全补偿情况与双承力索双接触线基本相同,只是在连接零件上不一样。

(2)半补偿链型悬挂

半补偿链型悬挂中,承力索两端都是硬锚,纵向不产生位移,无承力索中心锚结。接触线两端为补偿下锚,中心锚结与全补偿接触线中心锚结相同。

2. 简单悬挂和简单弹性悬挂

简单悬挂和简单弹性悬挂一般使用在隧道和车辆段情况，只有接触线，没有承力索。正线一般采用双接触线，渡线、折返线、存车线等采用单接触线。隧道里接触线中心锚结在大致锚段中心位置采用两底座紧固在隧道壁上，在两底座中心位置加装接触线中心锚结线夹，两边引出中心锚结绳紧固到底座上。车辆段接触线中心锚结一般固定到软横跨或横梁上。

3.12.2　接触网张力与弛度

在一个锚段内，张力和弛度成反比，张力越小，弛度越大，张力越大，弛度就越小，所以弛度是随张力变化而发生变化的。但没有补偿的链型悬挂，接触线或承力索的弛度是随温度变化而变化的。

根据安装曲线计算的假设条件，接触线在两悬挂点之间的形状可视为抛物线，弛度计算公式为

$$f=\frac{qL^2}{8T}$$

式中　f——接触线的弛度，m；

q——接触线的单位负载，N/m；

T——接触线的张力，N；

L——跨距，m。

隧道内非绝缘锚段关节及站线下锚位置，严格按设计预留的位置实施，具体要求如下：

(1)棘轮下锚处至轨面连线高度范围内不得安装其他设备。

(2)下锚处隧道内消防水管要求安装在轨面以下，困难地段消防水管上部外缘至轨面高度不得超过 200 mm。

(3)车站端头井范围内应尽量考虑电动隔离开关安装位置。

(4)车站内棘轮下锚及馈线、地线下锚的范围沿端头井壁顺线路方向预留 5 m 净空范围。

(5)一般尽量避免在门洞上下锚，可与结构专业商量采用独立锚柱方式予以解决。

(6)当锚柱位于曲线上时，其下锚柱拉线按平行线路方向考虑。

(7)中心锚柱的位置一般设在锚段中部的附近，应通过计算，满足以上张力差，原则上要求从中心锚结到两端补偿器的张力差应大致相等。

3.13 软横跨与硬横跨

3.13.1 软横跨

软横跨由两侧的支柱和悬挂在支柱上的横向承力索、上下部固定绳以及支持和连接它们的零件组成。横向承力索通过直吊弦承受着全部接触悬挂的垂直质量，软横跨上部固定绳的作用是固定各股道悬挂的纵向承力索，并将纵向承力索的水平负载(如风负载、曲线水平拉力等)传递到支柱；下部固定绳的作用是固定定位装置，以便对接触线按技术要求定位并将接触线的水平负载传向支柱。

由于软横跨的结构比较复杂，所用的材料和结构形式繁多，通常把各种不同形式的软横跨组合在一起，成为12种不同形式的软横跨节点。

节点1、2是软横跨在钢柱上的装配形式。

节点3、4是软横跨在钢筋混凝土支柱上的装配形式。

节点5相当于一般中间支柱的装配形式。

节点6、7相当于道岔定位柱的装配形式。

节点8用于软横跨绝缘分段，它仅用悬式绝缘子串将横向承力索及上、下部固定绳上的绝缘分段。

节点9用于跨越站场的中间站台，将下部固定绳绝缘隔开，即相当于软横跨下部固定绳上的绝缘分段。

节点10相当于锚段关节中转换支柱的装配形式，它悬挂的两支接触线，一支是非工作支，一支是工作支。

节点11、12均为非工作支定位，其结构与节点10中的非工作支一样，非工作支也采用$\frac{1}{2}$型定位管卡子定位，这样不妨碍接触线的伸缩。

3.13.2 硬横跨

硬横跨结构如图3.25所示，硬横跨从结构上分为吊柱硬横跨和定位索硬横跨。吊柱硬横跨主要由硬横梁和吊柱组成，接触悬挂通过腕臂装置固定在吊柱上，如图3.25(a)所示。定位索硬横跨主要由硬横梁和上、下部定位绳组成，如图3.25(b)所示。在站场中使用硬横梁的主要优点：采用硬横跨可以提高接触网的稳定性，减少列车高速通过时接触网振动对相邻线路的接触悬挂的干扰，明显改善了弓网的受流质量；硬横跨便于工厂化预制，提高了施工效率、减少了调整工作量；硬横跨结构可以降低对支柱高度、弯矩和基础承载能力的要求；在大型客站采用硬横跨结构比软横跨整齐、美观。其主要缺点为投资较大、结构较笨重、钢结构防锈成本高，横向跨距不宜过大。

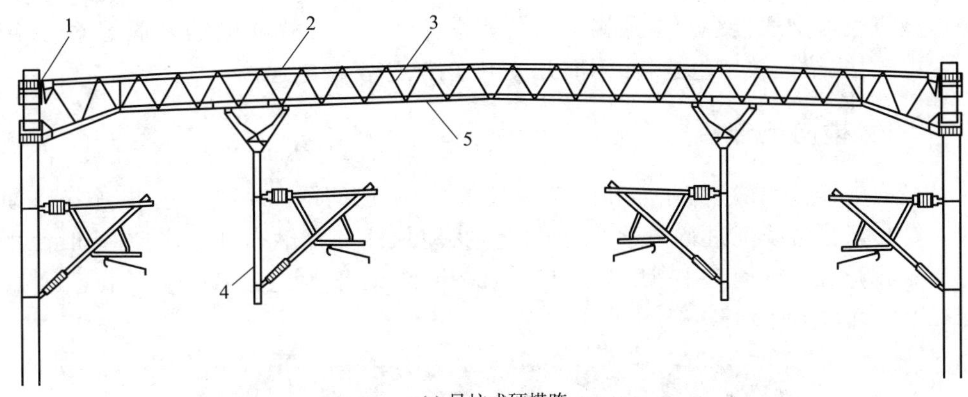

(a) 吊柱式硬横跨

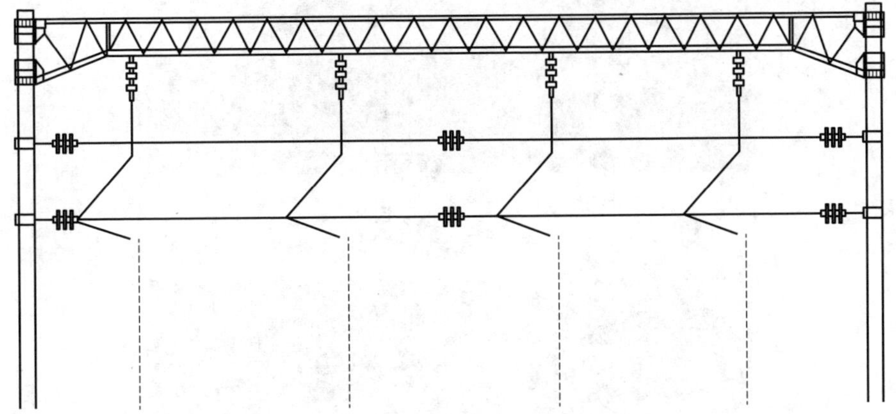

(b) 带定位索的门形硬横梁结构

1—抱箍；2—上弦杆；3—斜腹杆；4—吊柱；5—下弦杆。

图 3.25　硬横跨结构

硬横梁一般使用格构式结构(跨距较小时，也可以使用实腹结构)，主要有由角钢制成的矩形(截面为矩形)格构式硬横梁和铜管制成的三角形(截面为三角形)格构式硬横梁两种类型。中间吊柱一般为"Y"形，吊柱的两柱脚间距一般为 1 300 mm，采用大柱脚间距可以减少吊柱对硬横梁产生的次应力，吊柱通过固定杆连接在硬横跨的下弦杆上。

3.14 电 连 接

城市轨道交通接触网电连接根据安装位置可以分为横向电连接、股道电连接、道岔电连接、锚段关节电连接、隔离开关电连接、避雷器电连接。

3.14.1 横向电连接

横向电连接在隧道、地面和高架段较常见，一般间隔 60 m 一组，电连接将馈线、承力索、接触线间进行沟通。隧道内直接将馈线和接触线进行连接，一般使用 120 mm^2 电缆，地面和高架使用 TJR-120 铜绞线作为电连接，横线电连接如图 3.26、图 3.27 所示。

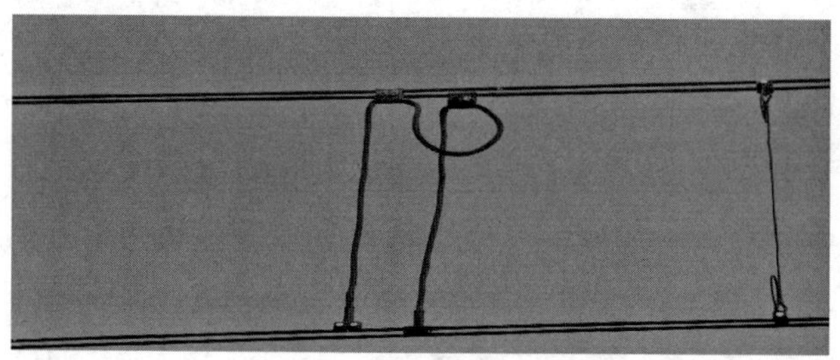

图 3.26 横向电连接 1

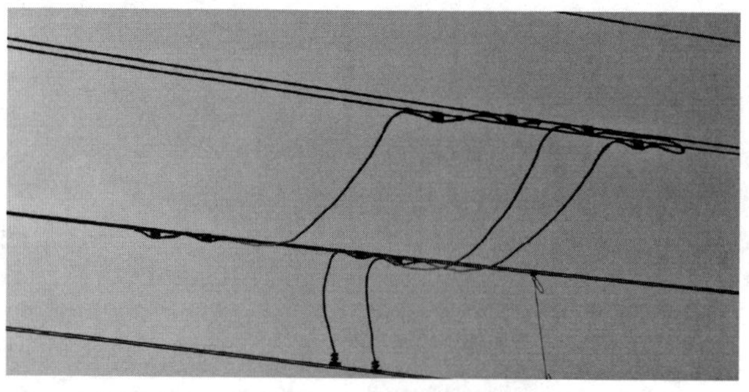

图 3.27 横向电连接 2

3.14.2 股道电连接

股道电连接主要用在车辆段，股道较多，并且在同一个供电区域内的情况。车辆段一般分 2～5 个供电区域，有的供电区域 4～8 股道，上网点只有开关一处，容易造成股道间的电压差和取流不均衡，在两组软横跨或横梁进行股道间的电沟通，采用电缆形式较多,股道电连接如图 3.28 所示。

图 3.28 股道电连接

3.14.3 道岔电连接

道岔电连接在有线岔的位置进行两接触线的电沟通以及下锚前两交叉接触线的电沟通形式。电缆比铜绞线硬度大、可塑性好,不易对受电弓产生引线,所以采用电缆情况较多,道岔电连接如图 3.29 所示。

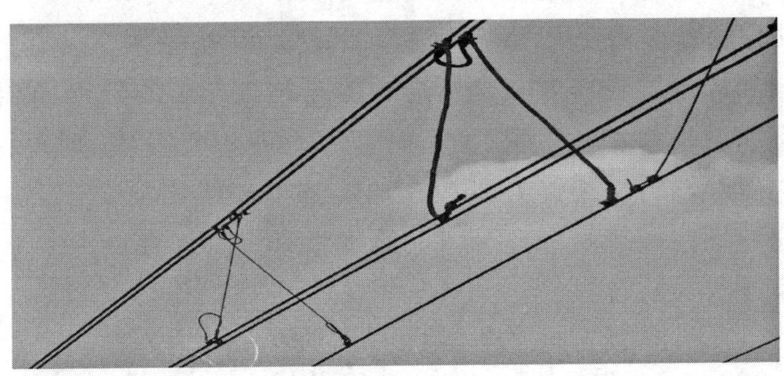

图 3.29 道岔电连接

3.14.4 锚段关节电连接

锚段关节电连接在关节处进行电沟通,绝缘关节则在同一供电臂才能使用,采用铜绞线较多。

3.14.5 隔离开关电连接

隔离开关电连接从隔离开关引到接触网上,隧道均采用电缆进行连接,地面和高架根据情况使用铜绞线或电缆,也称开关引线。

3.14.6 避雷器电连接

避雷器电连接从接触网引到避雷器接线端，主要采用电缆方式，也叫避雷器引线。

3.15 电 分 段

为增加接触网供电灵活性和安全性，缩小停电事故范围，满足供电、检修以及其他特殊需要，需对同相接触网进行电气绝缘分段，简称接触网电分段。

1. 电分段的设置原则：

接触网电分段的形式有空气式（绝缘锚段关节）和器件式（分段绝缘器、绝缘子）。器件式电分段一般用于空间有限或不便设绝缘关节的地点，如机车检修库、站场货物装卸线。

电分段的类型有纵向和横向之分，顺线路方向进行的电分段为纵向电分段，如区间接触网和站场接触网之间的电分段；站场各股道接触悬挂间进行的电分段为横向电分段，如站场上下行接触网之间的电分段。

2. 电分段的设置涉及变电所（分区所）馈线分布、接触网运营检修的安全性和灵活性、站内及相应地段的作业安全。应根据车站或站场的分布、变电所（分区所）馈线的分布、接触网检修作业需求、上下行线路行车供电方式、列车行车进路等有关信息进行反复推敲，得出最优方案。在地形环境和线路复杂，车站场较多，电分段复杂区域，应特别注意接触网电分段的独立性和可操作性。

3.16 绝缘、接地与防雷

3.16.1 绝缘

接触网属于高电压设备，带电体之间、带电体与非带电体之间必须做好电气绝缘。在接触网上利用绝缘子和空气间隙来实现绝缘要求。

1. 绝缘子

绝缘子在接触网中应用非常广泛，它能保持接触悬挂对地的电气绝缘，又能承受一定的机械负荷。绝缘子性能的好坏，对接触网能否正常工作有着很大影响。

（1）绝缘子的构造与分类

接触网上常用的绝缘子有悬式、棒式两大类。

①悬式绝缘子

在接触网上，悬式绝缘子用量最多，主要用于导线下锚处、水平拉杆、软横跨、锚段关节及附加悬挂等处。它可以由数个悬式绝缘子连接起来形成悬式绝缘子串，以实现对地绝缘。

悬式绝缘子系列产品按机械破坏负荷分为 40 kN、70 kN、110 kN 及 160 kN 四级。接触网采用的是 40 kN 和 70 kN 两级。若按照材质分类，它又可分为瓷质悬式绝缘子和钢化玻璃悬式绝缘子两种。钢化玻璃悬式绝缘子的外形尺寸及结构与瓷质悬式绝缘子完全相同。钢化玻璃绝缘子具有机械强度高(为瓷质绝缘子的 2～3 倍)、电气性能好(在冲击波作用下其平均击穿强度为瓷质绝缘子的 3.5 倍)、使用寿命长、不易老化、维护方便和良好的自洁性等优点。它的最大特点是“零值自破”，即当绝缘子失去绝缘性能或机械过负荷时，伞裙就会自动破裂脱落，易于发现，以便及时进行更换。而瓷质绝缘子在老化或击穿后很难被发现，往往造成事故。

②棒式绝缘子

悬式绝缘子只能承受拉力，对于承受压力和弯矩的场合则应采用棒式绝缘子，如在腕臂、压管及隧道定位和隧道悬挂等地方。棒式绝缘子为瓷质，按使用情况分为区间、站场腕臂支撑(含压管)用绝缘子和隧道悬挂、定位用绝缘子。

棒式绝缘子的型号如图 3.30 所示。

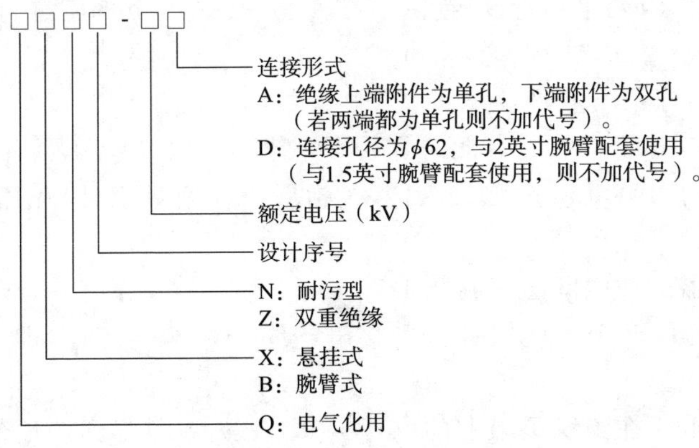

图 3.30 棒式绝缘子型号

棒式绝缘子按使用环境又可分为普通型、耐污型及双重绝缘型三种类型。耐污型棒式绝缘子按防污等级又可分为轻污、中污和重污三种类型。双重绝缘型棒式绝缘子适用于 AT 供电区段，按其绝缘等级也可分为普通、轻污、中污和重污四种类型。

(2)绝缘子的性能

绝缘子在接触网中不仅起绝缘作用,还承受着一定的机械负荷。特别是下锚所用的绝缘子,承担着下锚的全部张力。所以,对绝缘子的电气性能和机械性能都有严格的要求。

①绝缘子的电气性能

绝缘子的电气性能用干闪电压、湿闪电压和击穿电压来表示。

绝缘子的干闪电压,是指绝缘子在干燥、清洁的状态下,施加电压使其表面达到闪络时的最低电压。干闪电压主要对于室内绝缘子有意义。

绝缘子的湿闪电压,是指雨水在降落方向与绝缘子表面呈 45°角淋在绝缘子表面时,使其闪络的最低电压。

绝缘子发生闪络时,只是沿瓷体表面放电,而瓷体本身未受损害,闪络消失后绝缘性能即可恢复。发生闪络后,其绝缘性能有所下降,容易再次发生闪络。

绝缘子的击穿电压,是指绝缘子瓷体被击穿损害而失去绝缘作用的最低电压。绝缘子击穿后不能继续使用,必须更换。

绝缘的冲击闪络电压,则表示了绝缘子满足一定防雷要求的电气性能指标。

绝缘子的干闪、湿闪和击穿电压的数值取决于工作电压。工作电压越高,则各数值的要求就越高。绝缘子的击穿电压至少比干闪电压高 1.5 倍。

绝缘子的电气性能不是一成不变的,随着使用时间的增长,其绝缘强度会逐渐下降,这种现象称为老化。所以,绝缘子在使用中,每年至少应进行一次绝缘子电压分布测量,以检查其绝缘性能是否正常可靠。

绝缘子电压分布测量要求:

a. 电压分布测量需采用电压分布测量仪器进行,绝缘杆要有足够的绝缘长度,其长度不小于 1 000 mm,保证人体(包括所持非绝缘工具)距离带电设备不小于 600 mm。

b. 测量仪器的放电间隙 b 调至 1～3 mm。

c. 测量仪器的两个金属探针分别接触绝缘子两侧金属体,即 A 点(钢帽)、B 点(杵头或耳环)。

d. 接触网电压在绝缘子串上的电压分布,是从带电侧到接地侧依次减小,因此,放电声音也相应地依次减弱。

e. 测量绝缘子串电压分布时,应从接地侧依次向带电侧测量,当三片一组中有一片、四片一组中有两片无间隙放电时,即停止测量,以保证设备运行和测量人员的安全。

②绝缘子的机械性能

绝缘子不仅能承受规定的机械负荷,还应有一定的安全系数,这样即使在负荷剧烈变化或接触悬挂在振动或摆动的情况下，绝缘子偶然承受较大的负荷也不致被破坏。

绝缘子强度安全系数不应小于：瓷质及钢化玻璃悬式绝缘子为 2.5；瓷棒式绝缘子和针式绝缘子为 2.5；其他材质绝缘元件，无阳光照射处为 2.5，有阳光照射处，应视材质抗老化性能酌情增加。

(3)绝缘子的有关技术要求

①各绝缘部件表面应清洁，无裂纹、烧伤和破损。瓷质绝缘子釉面剥落面积不大于 300 mm^2。

②各种悬式绝缘子钢帽无松动，水泥填充物不应有裂纹。瓷质及钢化玻璃绝缘子裙边距接地体的距离不小于 100 mm，困难时不小于 75 mm。硅橡胶及环氧树脂绝缘子裙边距接地体的距离不小于 50 mm。

③接触网的绝缘泄漏距离，轻污区不应小于 960 mm，重污区不应小于 1 200 mm；在实现 V 形综合维修天窗的双线电气化区段，上下行正线间分段绝缘子串的绝缘泄漏距离可相应增大为 1 200 mm 和 1 600 mm。在无确切污秽资料的条件下，应按重污区的要求设计。

2. 空气间隙

空气绝缘间隙可按下式计算：

$$d=0.1+\frac{U_N}{150}$$

式中　d——空气绝缘间隙，m；

U_N——接触网额定电压，kV。

接触网空气绝缘间隙的有关要求：

(1)双线电气化区段，上下行接触网带电体间的距离，正常情况下不应小于 2 000 mm，困难时不应小于 1 600 mm。

(2)接触网空气绝缘间隙不应小于表 3.26 的要求。

表 3.26　接触网空气绝缘间隙值

标称电压	静　　态	动　　态	绝对最小动态
DC 750 V	25 mm	25 mm	25 mm
DC 1 500 V	150 mm	100 mm	60 mm

3.16.2　接地

接触网接地是指通过接地线接于牵引轨，由接地线(接地体)及接地部件组成的接地设备，称为接地装置。接地装置(包括接地线和接地体)均应有可靠的电气连接。

绝缘子虽然起绝缘作用,但是在通常情况下总有微弱的泄漏电流经绝缘元件流回大地。这样的微弱泄漏电流,一般不会对设备和人身造成伤害,但随着绝缘元件的老化、严重脏污或出现裂纹和浸水时,绝缘强度下降,这时泄漏电流就会相应增加。当支柱对地有较大的接地电阻时,泄漏电流在支柱上形成较大过渡电压,严重时会危及人身安全。同时,较大的泄漏电流流经支柱(混凝土柱)内部钢筋时会产生热量,使金属软化,造成支柱强度下降,拉断支柱,危及设备安全。另外,当绝缘元件残缺及遭到击穿时,会形成短路电流。但是,由于支柱本身电阻、基础电阻、基础至钢轨过渡电阻以及接触电阻值较大,在短路电流经过这些较大电阻时,无疑就限制了短路电流值,致使因短路电流不足以使继电保护动作,而在短路点处形成长时间的连续电弧,烧损设备,并在地表面形成跨步电压。为避免上述情况的发生,接触网应设置接地装置,将接触网设备中非带电的金属部分与牵引轨经地线直接相连。

接地根据其作用不同可分为工作接地和保护接地。为保证设备安全运行而设置的接地称为工作接地,如混凝土柱、钢柱接地和避雷器接地侧接地等。以防护为目的而设置的接地称为防护接地(保护接地),如桥的铁栏栅等。站台上钢柱双接地,一方面是工作接地,另一方面是防护接地。

在通常情况下,无信号轨道回路区段,支柱的接地线直接接钢轨;有信号轨道回路区段,支柱的接地装置应加设击穿电压不大于 800 V 的火花间隙或保安器。在正常情况下,火花间隙可以保证支柱与钢轨之间的绝缘,使绝缘子因老化等原因形成的泄漏电流不能直流泄向轨道。一旦绝缘子击穿,火花间隙上出现高电压,间隙击穿,就将支柱和牵引轨接通。

1. 接地线的作用

接触网的地线是起保护作用的。地线将接触网设备中非带电的金属部分与钢轨直接连接起来,接触网带电部分和非带电部分靠绝缘子来绝缘。当绝缘子发生击穿、闪络或绝缘子老化而严重漏电时,地线充当了很好的金属通路。若没有地线,接触网对地泄漏电流将会经支柱(或隧道壁)流入大地,泄漏电流可能达不到使牵引变电所、开闭所、分区亭保护动作、跳闸的整定值。长时间不正常放电,一方面造成电能损失,另一方面导致设备过热损坏。同时,泄漏电流流经大地形成的跨步电压会危及人身安全,它对附近地下埋设的金属电缆以及金属管道形成腐蚀。装设地线后,电阻很小,泄漏电流直接流入钢轨,电流增大时会使牵引变电所保护动作、跳闸,切断电流,起到保护设备和人身安全的作用。另外,根据保护动作可判断出接触网上发生故障,可以迅速派人检查,查出隐患,排除故障,保证安全供电。

2. 地线的安设

钢筋混凝土支柱地线安装如图 3.31 所示。地线分为上、中、下三部分:拉杆底座至腕臂底座为上部地线，腕臂底座至支柱底部为中部地线，支柱底部至钢轨为下部地线。

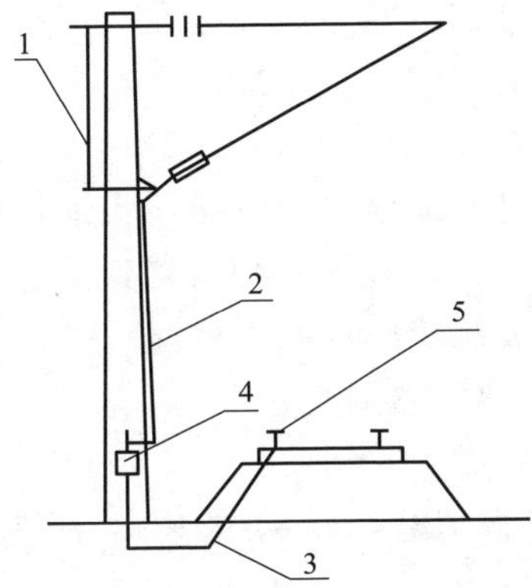

1—上部地线；2—中部地线；3—下部地线；4—接地线连接线夹；5—钢轨。

图 3.31　钢筋混凝土支柱地线安装

当钢筋混凝土支柱内有预埋地线时，则可省去上、中部地线，下部地线直接同支柱预埋地线的地线孔相连，另一端固定在钢轨上。与钢轨相连接的地线不得采用焊接的方式。

对于钢柱，地线直接接在钢柱根部的螺栓孔上，另一端固定在钢轨或接地极上，如图 3.32 所示。

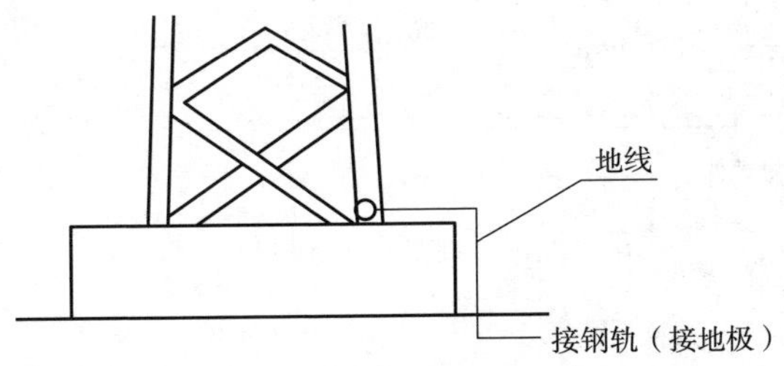

图 3.32　钢柱地线安装

接触网地线除钢筋混凝土支柱的上、中部地线用 ϕ10 mm 的圆钢外，其余均采用 ϕ12 mm 的圆钢。连接端应制成圆环状，以便于安装。安装时，地线应接在牵引轨上，注意不能短接两根钢轨，以免造成短接信号，出现红光带、信号误动作。

以上介绍的只是支柱单根接地方式，在有架空地线（GW 线）或保护线（PW 线）的支柱上可采用集中接地方式，即所有支柱上非带电的金属部分用 ϕ10 mm 的圆钢互相连接后，不是经下部地线接钢轨，而是直接和同杆架设的架空地线或保护线连接，架空地线或保护线两端分别再接钢轨。

在隧道中，所有埋入杆件均需与地线相连。其连接方式有两种：一种是每个悬挂点都单独接地，即该悬挂处所有埋入杆件与一根沿隧道壁而下的地线相连，然后接钢轨；另一种是分别将各悬挂点的地线都接在一根沿隧道壁顺线路架设的母线式地线上，然后每隔一定距离与钢轨相连接。

3. 接地极的安装

接地极又称接地体，它是深埋地中并直接与大地接触的金属导体。接触网接地一般直接接至钢轨或保护线上，但是有些需接到接地极上。采用接地极的地点有：安有隔离开关、避雷器、吸流变压器的支柱，位于行人较多的站台上的支柱，需要进行双接地的支柱以及远离钢轨的支柱等。

(1)接地极的形式

接地极根据使用材料不同可分为角钢接地体、钢管接地体、圆钢接地体等，如图 3.33 所示。

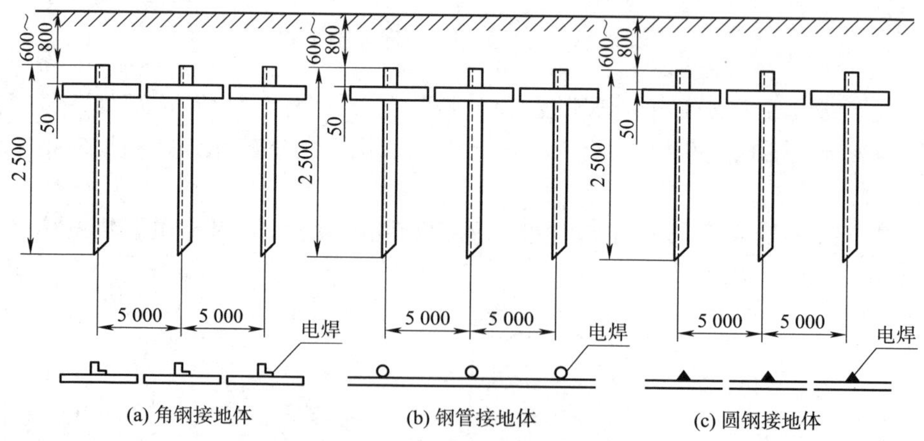

图 3.33 接地极形式(单位：mm)

(2)接地极的安装步骤

在杆上地线安装完毕后，要进行接地极的安装。接地极的安装步骤如下：

①挖接地极沟。沟深 0.8～1 m，底宽 0.5 m，上宽 1～1.5 m；从支柱开始按“一”字形开挖(有四根接地体角钢的，也可以支柱为中心挖成闭合形沟)。

②将接地极扁钢理顺直，摆在沟边；从支柱向远离支柱方向依次将接地体角钢垂直打入沟底正中；扁钢与接地角钢焊接，角钢头露出 50～60 mm。

③回填、夯实。ϕ12 mm 圆钢露土部分应能与支柱上地线搭接，用接地电阻测试仪测试接地电阻，电阻应小于 10 Ω。若接地电阻达不到要求，可延长接地极网络，每增加一垂直接地体角钢时，水平接地体扁钢相应地加长 5 m，直至接地电阻

达到要求。对土壤电阻率高的地方可采用如下方法:增设接地体射线根数和长度,采用外引接地体和土壤中加食盐、对土壤进行化学处理、更换土壤等方法。

④将接地极用 ϕ12 mm 圆钢与支柱上地线用接地线夹连接起来,接触面去漆并涂凡士林。

(3)接地电阻测试

各种接地装置均需进行接地电阻测试(直接接钢轨的可不测试),一般采用电阻测量仪测量。

除晶体管测试仪外,其他型号接地电阻测试仪均由手摇发电机、电流互感器、电位器及检流计等组成。借助开关旋钮改变互感器的二次绕组产生的电流,可得到不同的量程。

接地电阻属于分布电阻,在接地点附近比较大,在接地点 20 m 以外的电阻不再增加。为了消除探测电极的影响,通常探测电极 P 埋设在距接地点 10 m 以外,位于接地点与辅助电极 E 之间,如图 3.34 所示。

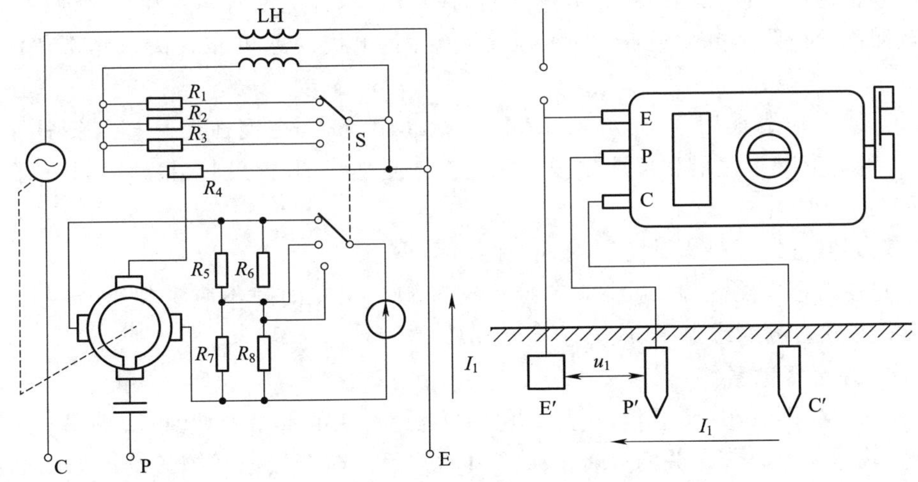

图 3.34 接地电阻测试仪原理

①接触网支柱宜采用集中接地方式(架空地线和保护线两端分别再接钢轨,实践证明能减少地线对信号轨道回路的干扰,有利于工务维修及防止道床振动等损坏地线)。集中接地宜利用回流线或保护线作闪络保护地线;当成排支柱不悬挂回流线或保护线时,可增设辅助保护线或架空地线。零散的接触网支柱应单独接地。

②接触网支柱和金属支撑装置以及与接触网带电部分的距离不足 5 m 的所有金属结构物均须装设地线。

③下列接触网支柱及设备应做双接地(其中一个接接地极,另一个接钢轨):

a. 站台或其他人员活动频繁处未设架空地线的钢柱;

b. 开关、避雷器、吸流变压器等设备的底座;

c. 架空地线下锚处。

④接触网设备及其邻近物接地装置的接地电阻值不应大于表 3.27 中的规定。

表 3.27 接触网设备及其邻近物接地装置的接地电阻值

类 别	接地电阻值/Ω
开关、避雷器、吸流变压器	10
架空地线	
接触网钢柱	30
距接触网带电体 5 m 以内的金属结构	

⑤接触网接地线在无信号轨道回路区段可直接接钢轨,在有信号轨道回路区段可直接接扼流变压器线圈中性点或串接火花间隙后接至钢轨。

⑥接地线和接地体引线的截面应符合设计要求并应涂有防腐油。接地线的所有连接部分应除锈并涂凡士林油,连接应牢固,电气通路可靠。接地体不得涂防腐油。

⑦架空地线采用 LGJ-50 或 LGJ-70 钢芯铝绞线,在钢柱上悬挂与钢柱不绝缘,在钢筋混凝土柱上和接地预埋件相连。架空地线两端分别接接地极,接地极电阻不大于 10 Ω。

⑧架空地线在最大弛度时对地面距离不小于 6 m。

⑨在轨道电路区段,地线应串接火花间隙。火花间隙不应有裂纹、破损。用 500 V 兆欧表测绝缘电阻,应大于 500 MΩ。

4. 综合接地系统

综合接地系统是和通信、信号、电力、接触网、变电各个专业,以及路基、桥梁、隧道、轨道各个设施相关的有着复杂接口的工程。综合接地系统的结构如图 3.35 所示。回流回路是钢轨和贯通地线。综合接地系统中的接地电阻应不大于 1 Ω。贯通地线采用带覆盖层的铜导线。例如,京津城际线路两侧各设有一根 70 mm^2 的贯通地线,材质为铅包铜绞线,电缆作为回流导体可选用 1 kV 铜芯交联聚乙烯电缆。

3.16.3 防雷

接触网工作的额定电压为 25 kV,但在某些情况下会出现超过 25 kV 的电压,称为过电压。过电压分为操作过电压和大气过电压。大气过电压是指在接触网附近发生雷击使接触网产生的过电压。这种峰值很高的过电压会使绝缘子闪络、击

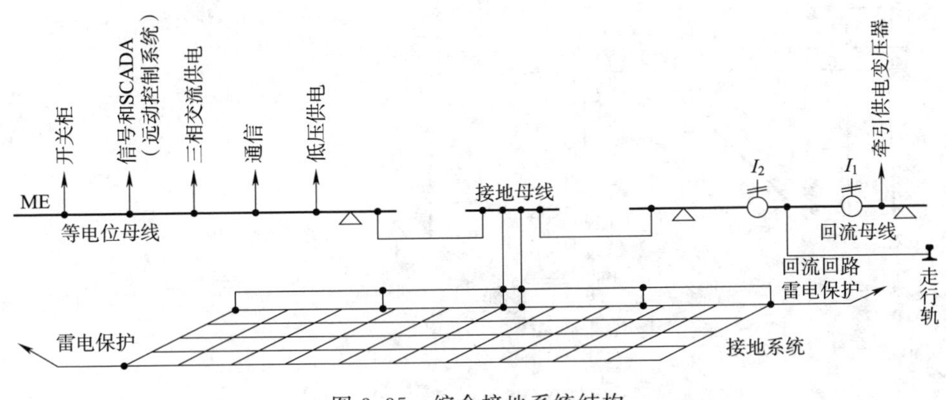

图3.35　综合接地系统结构

穿而发生短路事故，造成接触网设备损坏。当安装了避雷器后，能及时将雷电引入大地。

避雷器安装在接触网支柱上，与接触悬挂相连接，作为接触网大气过电压保护之用。目前接触网上采用的避雷器有管型避雷器、阀型避雷器和角隙避雷器三种。

1. 避雷器的类型

(1)管型避雷器

管型避雷器是接触网经常采用的过电压保护装置，它一般设置在电分相和电分段锚段关节、分区亭引入线、开闭所和牵引变电所馈线出口，以及长大隧道两端。

管型避雷器由内部间隙、外部间隙和产生气体的管子组成。S_1 为内部间隙。在避雷器与带电体之间有一个外部间隙S_2，其作用是使正在运行的避雷器不承受电压，以防止管子表面长时间通过泄漏电流引起破坏。当接触网遭雷击时，在大气过电压作用下，S_1、S_2 相继被击穿，雷电流通过接地装置流入大地，随之而来的是牵引系统的工频短路电流，其数值相当大，在管子的内部间隙之间引起强烈电弧，使管子内壁材料燃烧，产生大量气体。在高压下气体由纤维管一端喷出，把电弧吹灭，使放电终止，接触网又恢复到正常运行状态。灭弧过程可在0.01～0.02 s时间内完成。

接触网的管型避雷器采用电力系统35 kV线路所用的同类型产品，常用型号为GXW-35/0.7-3，其在接触网上的安装如图3.36所示。

安装管型避雷器时，其固定角钢应呈水平状态，不得低头。管型避雷器竖直固定牢靠，开口端向下，在排气孔正前方不应有任何障碍物。极棒应电镀锌，安装呈水平状态，中心线吻合，不得错位，间隙为120 mm。棒式绝缘子应呈垂直状态。

(2)阀型避雷器

在BT供电区段，为保护吸流变压器免遭雷击伤害，常采用阀型避雷器。阀型

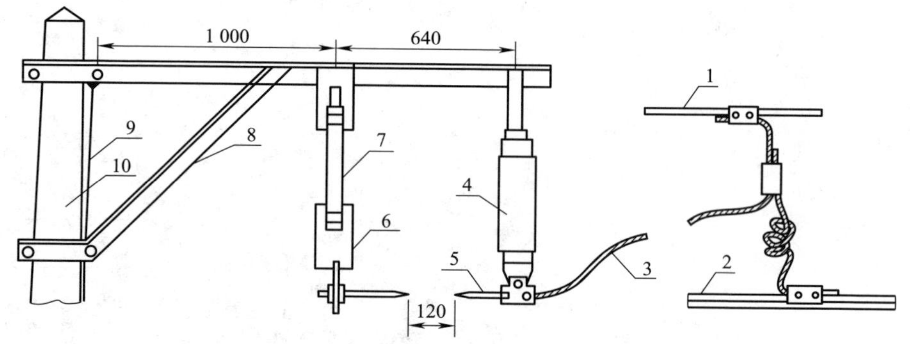

1—承力索；2—接触线；3—电连接线；4—棒式绝缘子；5—放电极棒；
6—极棒调节器；7—管型避雷器；8—支架；9—接地线；10—支柱。

图 3.36 管型避雷器的安装(单位：mm)

避雷器由火花间隙和阀型电阻盘组成。阀型电阻盘采用碳化硅(SiC)制成，具有在冲击电压下电阻值很低、在工频电压下电阻值很高的非线性特性。

在正常情况下，由于火花间隙对地具有足够的绝缘强度，避雷器不会被工频电压击穿，阀型电阻盘不通过电流。当发生雷击时，火花间隙被迅速击穿，在冲击电压作用下，阀型电阻盘呈现低阻值，雷电流通过阀型电阻盘流入大地。待雷电流通过后，紧接着出现的是系统的工频电压，阀型电阻盘又恢复了高阻值。工频电流很小，被火花间隙切断，接触网恢复正常运行。

接触网常用的阀型避雷器有 FZ-35 和氧化锌避雷器。氧化锌避雷器主要以氧化锌片作为基本工作元件，取消了火花间隙。它具有通过电流大、动作快、残压低、耐污性能好、结构简单、体积小、质量轻、便于维修等优点，在接触网上应用较多。

(3)角隙避雷器

角隙避雷器是在总结国内实践经验、吸取国外先进技术的基础上研制出的一种新型防雷设备。它由角形间隙、支持绝缘子、支持钢管及底座组成，并安装有动作记录器。其结构如图 3.37 所示。

放电角隙是角隙避雷器的关键部分，它由两个串在一起的放电间隙组成，其中一个靠边的角隙固定在耐污型支柱绝缘子上，用引线连接到接触网上，而另一个靠边的角隙则通过支持钢管和地线接到钢轨上(或架空地线上)。

当接触网产生过电压时，角隙击穿放电电流被引入大地，此时角隙之间的电弧在电动力和上升的热气流作用下，自动沿着开放的角隙导体向外拉长，弧柱迅速变细并在大气中冷却熄灭，使接触网又恢复到正常工作状态。

实践表明，角隙避雷器具有制作容易、安装方便、维护简单、防护效果好、使用寿

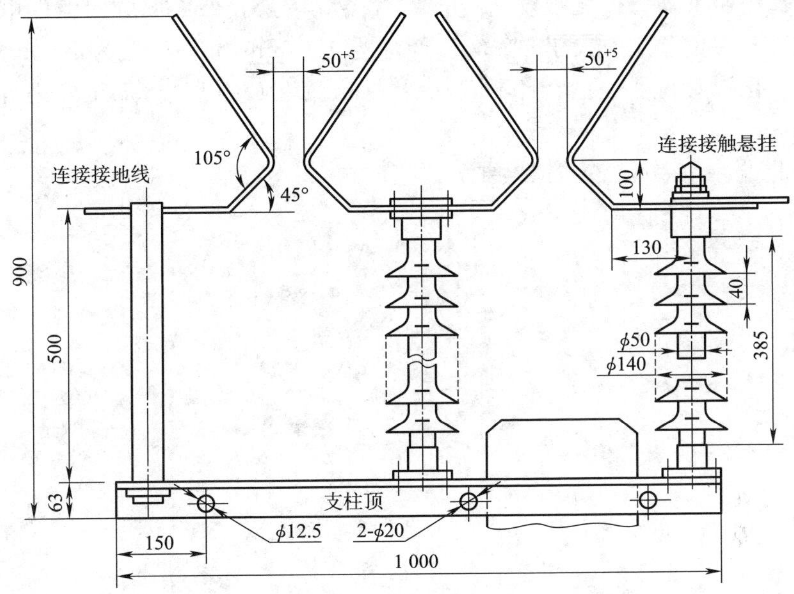

图 3.37　角隙避雷器结构(单位:mm)

命长的特点。支持绝缘子采用了 ZSW 型棒式支柱绝缘子,泄漏距离为 1 200 mm,是加强型防污瓷柱,从而提高了避雷器的防污能力及接触网运行的可靠性。

角隙避雷器一般安装在接触网支柱顶部(也可安装在肩架上),与线路中心呈 45°～90°,在该角度下形成一环线状,以便在放电时电动力效应得到充分发挥。也可以将避雷器安装在肩架上,这时应将其接地的角隙置于支柱侧,并应使避雷器与支柱间有不小于 1 m 的距离。接地侧的角隙通过接地孔、连接导线与动作记录器连接,记录器应可靠地连接在地线上。

角隙避雷器每年应定期进行 1～2 次检查,检查角型金属棒是否对正、放电间隙是否符合要求、支柱绝缘子瓷瓶是否完好,并清扫支柱绝缘子上的污垢。电气连接部分应涂工业凡士林油。动作记录器在运行之前或运行 1～2 年后,应进行一次简易的检测,如测量直流电阻、动作性能等。

2. 避雷器有关技术要求

(1)根据雷电日(每年雷电日少于 30 日为轻雷区,雷电日在 30～60 日为中雷区,雷电日数多于 60 日为重雷区)及运营经验,按下列原则对接触网进行大气过电压保护:

①吸流变压器的原边应设置避雷装置。

②重雷区在分相和站场端部的绝缘锚段关节、长度为 2 000 m 及以上隧道的两端、供电线或 AF 线连接到接触网上的接线处应设避雷装置。

(2)管型避雷器管体无裂纹、烧伤,闭口端应堵紧。外部放电间隙的电极中心线应相对,允许偏差不应大于±2 mm,间隙为 120 mm,允许误差为±6 mm。

(3)氧化锌避雷器的瓷套管不许有裂纹、破损和放电痕迹,每年要进行一次预防性试验。

(4)引线、接地线及各部螺栓要紧固、完好。

第4章 接触网设计基础计算

4.1 气象条件

接触网的特点是露天装置，经常受外界各种自然条件变化的影响。

气象条件对接触网工作质量及技术状态有较大的影响，故气象条件是接触网设计计算最原始、最重要的基础资料，同时也是设计计算时的基本依据，所选择气象条件的数值恰当与否，对于接触网设计质量至关重要。如果把发生概率小的不利情况作为依据，在设计时，必然会缩小跨距，加强设备结构，提高安全系数，结果造成物资浪费，造价过高。但频繁出现的较严重情况也不予考虑，选择数值较低，则会降低运营的可靠性，事故率高，后果也很严重。所以，气象条件必须结合具体情况慎重、细致地进行确定。

确定接触网计算气象条件是一项复杂、困难的工作。我国疆域辽阔，地形错综复杂，气象差异很大，这给确定接触网气象条件带来了不少困难，具体确定时应力求准确，满足设计要求，取值尽量规格化、系列化，且同一线路的气象条件尽可能地统一起来。目前，我国勘测设计部门对于接触网计算气象条件的选择和确定方法如下：

1. 最高温度和最低温度

最高温度 t_{max}、最低温度 t_{min} 应根据线路通过地区的实际极限温度，采用各地气象台的年最高、年最低温度，在数值上取5的整数倍。考虑到全国大多数地区情况，一般最高温度取40 ℃；最低气温则各地而异：广东、广西、福建和浙江沿海地区取−5 ℃，长江流域及云、贵、川的大部分地区取−10 ℃，黄河流域、华北平原的大部分地区取−20 ℃，河北、山东西北部、东北地区的南部等地取−30 ℃，东北地区北部及其他高寒地区则取−40 ℃，温度的变化会使线索的张力和弛度发生变化。温度过低线索被拉紧，甚至出现负弛度，不利于受电弓正常取流。温度过高，线索伸长，弛度增大，也会造成接触线磨耗严重，缩短使用寿命。

2. 最大风速 V_{max}

最大风速的计算方法有三种：数理统计法、变通法和平均法。目前接触网设计中均采用变通法，其计算方法如下：设有年资料，按年份排列，自第一年开始，每五年为一组，每组按顺序相隔一年，取出每组中的最大值并求出各组最大值的平均值。最大风速与距地面的高度有关，所以，接触网设计用最大风速应采用距地面

10 m 高度，每五年一遇的 10 min 平均最大值。

风对接触网的影响主要体现在风不仅增加了支柱和悬挂的机械负荷，而且在不同方向和风速的作用下，会使线索产生多种形式的振动、摆动。故设计时必须考虑风的影响。

3. 最大风速出现时的温度 t_v

最大风速出现时的温度各地不一样，一般选取风速大、出现次数多的月平均温度值。

4. 线索覆冰时的温度 t_b

接触网线索覆冰与否，应视该地区实际情况而定，我国在覆冰地区一般选取 −5 ℃为线索覆冰时的温度。

5. 覆冰厚度 b 和覆冰密度 γ_b

线索覆冰厚度不得小于该地区实际观测到每五年一遇的最大覆冰厚度。覆冰考虑为圆筒形，沿导线表面等厚度分布，不考虑导线截面的不规则形状，设计资料中只给出承力索覆冰厚度。接触网计算时一般不考虑吊弦及其线夹的覆冰载荷，考虑到受电弓滑板运行中的刮冰作用，计算接触线冰厚时应折算为承力索覆冰厚度的一半。线索覆冰密度因地区和结冰情况不同而异，为统一起见，计算中一般取为 0.9 g/cm^3。冰对接触网的影响有两方面，一是覆冰会增加线索所承受的机械负荷；二是由于隧道内拱顶不严密，严寒季节渗水结成冰柱，易使导体短路而影响正常供电。

6. 线索覆冰时的风速 V_b

覆冰时相应的风速很难测定，根据经验和有关资料，为统一起见，一般取覆冰时的风速为 10 m/s，沿海、草原等地区取为 15 m/s。沿海地区指距海岸线不超过 100 km 的地区，且不能越过山脉。

7. 接触线无弛度时的温度 t_0

接触线无弛度时受流条件最好。当正弛度时，考虑到受电弓上举力的作用对正弛度有一定的补偿，而在负弛度时，反而会加大负弛度。所以，正弛度比负弛度的受流条件要好，负弛度时受流条件最差。确定无弛度温度的原则：接触线在最高温度下产生的正弛度绝对值略大于在最低温度下产生的负弛度的绝对值，一般接触线的无弛度温度要比平均温度低一些。为了改善受流条件，应减少负弛度。我国 t_0 取值方法如下：对于简单链型悬挂，无弛度温度比平均温度低 10 ℃；对于弹性链型悬挂，无弛度温度比平均温度低 5 ℃。

8. 吊弦及定位器正常位置时的温度 t_p

确定这一温度的原则：吊弦及定位器在最高或最低温度下产生的纵向偏移值尽量相等，并要求吊弦及定位器无纵向偏移的时间尽可能长些。在设计中，一般取该地区最高温度与最低温度的平均值。

9. 隧道内气象条件

我国是一个地形复杂的国家，山区线路隧道较多，某些线路中长大隧道内的气象条件难以确定。根据以往的经验，设计部门提出了以下几点参考数据：当整个接触网锚段都在隧道时，最高温度应比隧道外约低 10 ℃，最低温度比隧道外约高 5 ℃，隧道内可不计算风速，接触悬挂不考虑覆冰。当锚段的一部分在隧道内而另一部分在隧道外时，一般应按隧道外的情况进行计算。

4.2 计算负载

4.2.1 计算负载的分类

接触悬挂单位长度负载系指每米悬挂本身及外部条件（冰、风）对其所形成的负载。计算负载分为垂直负载和水平负载。在计算中，无论垂直负载还是水平负载，均认为是沿跨距均匀分布的。

垂直负载包括悬挂的自重和覆冰载荷，在计算时，不考虑吊弦及线夹的冰重。水平负载包括风负载和由吊弦横向偏移造成的水平负载。由于吊弦横向偏移引起的水平负载很小，在设计中一般不予考虑。水平负载还包括线索改变方向所产生的水平分力，如“之”字力、曲线力等。

4.2.2 各种负载的计算

1. 自重负载

一般标准型号的线索，其单位长度自重可通过查材料表确认。链型悬挂负载计算中，还应考虑吊弦及其线夹的自重，通常按平均 0.5 N/m 计算，并以符号 g_d 表示。

2. 冰负载

计算冰负载时，其冰壳的计算厚度应不小于实际观测到的每五年至少出现一次的最大覆冰厚度。当计算接触线覆冰时的垂直负载时，可忽略其截面沟槽形状，即认为是圆形，并且沿导线覆冰呈圆筒状。对于承力索，则认为覆冰呈圆筒状，且全线覆冰厚度相等，其覆冰负载为

$$g_{bc}=\frac{\pi\gamma_b(b+d)}{1\,000}$$

式中　g_{bc}——承力索的冰负载，N/m；

b——覆冰厚度，mm；

d——承力索直径，mm；

γ_b——覆冰的密度，g/cm³。

如果是计算接触线冰负载时，上式中的 d 则为接触线的平均直径，且接触线的覆冰厚度折算为承力索覆冰厚度的一半，即 $b_j=b/2$。

3. 风负载

风负载是指风作用到线索和支柱上的压力，又称风压。线索上的风负载为

$$P_v=a_v KdL\frac{V^2}{1\,600}\sin\theta$$

式中 P_v——线索所受的风负载，N；

a_v——风速不均匀系数，见表 4.1；

K——风载体形系数，见表 4.2；

d——线索直径，接触线取平均直径，mm；

L——跨距中线索的长度，m；

θ——风向与线索的夹角；

V——最大风速，m/s。

表 4.1 风速不均匀系数

计算风速/(m·s⁻¹)	20 以下	20～30	30～35	35 以上
a_v	1.0	0.85	0.75	0.7

表 4.2 风载体形系数

受风件特性		系数 K	备 注
支柱	圆形混凝土柱	0.6	η 是空间桁架背风面降低系数，设计中一般 $\eta=0.6$
	矩形混凝土柱	1.4	
	四边形角钢柱	$1.4(1+\eta)$	
线索	不考虑吊弦及线夹	1.20	链型悬挂采用双接触线且间距为 100 mm
	考虑吊弦及线夹	1.25	

上式表示在一个跨距内线索所承受的风负载。在计算时，总是取线索受风影响最大的情况，即风向与线索垂直，则 $\sin\theta=1$。为了计算方便，取 $L=1$ m，则线索单位长度的风负载为

$$p_v=a_v KdL\frac{V^2}{1\,600}$$

式中 p_v——线索单位长度的风负载，N/m。

其余符号同前。

支柱所承受的风负载为

$$P_0=0.615KV^2F\times10^{-3}$$

式中 P_0——支柱承受的风负载,N;

K——风载体形系数;

V——风速,m/s;

F——受风面积,m^2。

4. 合成负载

由于线索同时承受垂直负载和水平负载,因此还应确定两者的合成负载,合成负载系上述两负载的几何相加。应注意,在链型悬挂中,接触线所承受的水平负载被认为是由定位器传给了支柱,故计算悬挂的合成负载时不计算接触线的合成负载,只计算承力索的合成负载。当最大风速时,承力索的合成负载为

$$q_{vc}=\sqrt{(g_j+g_c+g_d)^2+p_{cv}^2}$$

链型悬挂无冰无风时,其合成负载为链型悬挂的自重负载,以 q_0 表示

$$q_0=g_j+g_c+g_d=g$$

合成负载对铅垂线间的夹角为

$$\varphi=\arctan\theta\frac{p_{cb}}{g+g_{b0}}$$

4.3 锚段长度

在区间或站场上,为满足供电方面和机械方面的要求,将接触网分成若干一定长度且相互独立的分段,这种独立的分段称为锚段。划分锚段的目的主要是:加补偿器;缩小机械事故范围;使吊弦的偏移不致超过许可值以及改善接触线的受力情况等。划分锚段的主要依据是在气象条件发生变化时,使接触线内所产生的张力增量不超过规定值。锚段长度的决定和跨距长度一样,也必须进行相应的计算。

城市轨道交通接触网户外段基本上全部采用全补偿链型悬挂,对于全补偿链型悬挂,其锚段长度的计算方法及理论基础与半补偿链型悬挂的情况相同。

4.3.1 半补偿链型悬挂锚段长度的计算

半补偿链型悬挂锚段长度的计算是十分复杂的。决定锚段长度的方法虽各不相同,但基本观点都是一致的,主要由接触线和承力索从中心锚结到补偿器之间的张力差来决定。

由于接触网是一个置于大自然中庞大的供电装置,不仅工作条件恶劣,而且结构复杂,使得吊弦装置、定位装置、气温、风雪等许多因素都与张力增量值有直接关系。因此,要精确地计算接触线和承力索的张力增量值是很困难的。由于考虑的

因素较多，所推导的公式也就比较复杂。

张力增量是指温度变化且在补偿器工作的条件下，吊弦和定位器都发生偏转和移动，使接触线在吊弦和定位器固定点处的张力产生差别。目前在设计中，规定在计算极限温度下，中心锚结和补偿器间张力差值 ΔT 不许超过 $\pm 15\% T_{\mathrm{j}}$，而 T_{j} 代表接触线在补偿器处的张力。在进行张力增量计算时，为简便起见，先提出以下几点假设：

(1)锚段内各吊弦的长度相同，并等于吊弦在跨距内的平均值。

(2)吊弦集中在跨距的两端，即支柱点处。

(3)吊弦是不滑动的。

在直线区段上，接触线由于温度变化而伸长(或缩短)，因吊弦偏移而造成接触线内的张力变化。为分析方便，先取锚段中第 n 个支柱点来分析张力增量的形成情况。

设图 4.1 中，φ_n 为吊弦对铅垂线的偏斜角(°)；c 为吊弦长度(m)；P_n 为吊弦对接触线的拉力(kN)；g_{j} 为接触线单位长度自重负载(kN/m)；l 为跨距长度(m)。

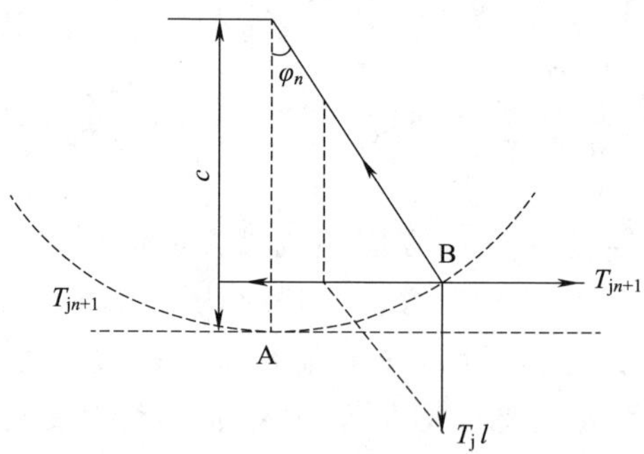

图 4.1 吊弦造成的张力增量 $\Delta T_{\mathrm{j}n}$

在平均温度时，吊弦处在垂直位置。当温度变化后，由于接触线的伸长(或缩短)，吊弦最低点的位置由 A 变到 B。因为是补偿，链型悬挂承力索可认为是不变的，此时，接触线的受力情况已经发生变化，因吊弦倾斜产生了水平分量，即张力增量，其值为

$$\Delta T_{\mathrm{j}n}=T_{\mathrm{j}n}-T_{\mathrm{j}n+1}=P_n\sin\varphi_n$$

式中，P_n 为吊弦拉力，在正常位置时，它应与接触线的质量 $g_{\mathrm{j}}l$ 平衡。在吊弦倾斜以后，其值为

$$P_n=\frac{g_{\mathrm{j}}l}{\cos\varphi_n}$$

将 P_n 值代入上式中，即

$$\Delta T_{jn}=P_n\sin\varphi_n=g_j l\tan\varphi_n$$

若设 Δl 为接触线在跨距内的伸长，则可写出

$$\tan\varphi_n=\frac{n\Delta l}{\sqrt{c^2-(n\Delta l)^2}}$$

将 $\tan\varphi_n$ 值代入，可得

$$\Delta T_{jn}=g_j l\frac{n\Delta l}{\sqrt{c^2-(n\Delta l)^2}}$$

为了确定接触线内张力变化总量，应将所研究的从中心锚结到补偿器间全部跨距的 ΔT_{jn} 相加，则

$$\sum_{n=1}^{m}\Delta T_{jn}=\sum_{n=1}^{m}\frac{ng_j l\Delta l}{\sqrt{c^2-(n\Delta l)^2}}$$

其中 $\sqrt{c^2-(n\Delta l)^2}\approx c$（误差＜4％）

而 $$\sum_{n=1}^{m}n=\frac{m(m+1)}{2}$$

所以 $$c_{\min}=h-F_0$$

式中　m——半个锚段的跨距数；

Δl——表示一个跨距内接触线的伸长，其值为

$$\Delta l=l\alpha\Delta t-\frac{8(f_{tx}^2-f_{td}^2)}{3l^2}=l\alpha\Delta t-\varepsilon$$

$$\varepsilon=\frac{8(f_{tx}^2-f_{td}^2)}{3l^2}$$

令 $ml=L$，得

$$\Delta T_{jd}=\frac{L(L-l)g_j(\varepsilon-\alpha\Delta t)}{2c}$$

式中　ΔT_{jd}——只考虑温度变化时，吊弦所引起的张力增量，kN；

g_j——接触线单位长度自重负载，kN/m；

L——由中心锚结至补偿器间的距离，m；

c——吊弦长度，取平均值，$c=c_{\min}+\dfrac{F_0}{3}$，$c_{\min}$ 为最短吊弦，其值为 $c_{\min}=h-F_0$。

上式的应用条件是在直线区段上，只考虑吊弦（D_x）所造成的张力变化和只考虑温度引起的伸长。

4.3.2 锚段长度

为满足供电和机械受力方面的需要，将接触网分成若干一定长度且相互独立的分段，这种独立的分段称为锚段。

1. 锚段的作用

(1)设立锚段可以限制事故范围。当发生断线和支柱折断等事故时，由于各锚段间在机械受力上是独立的，则使事故限制在一个锚段内，缩小了事故范围。

(2)设立锚段便于在接触线和承力索两端设置补偿装置，以调整线索的弛度和张力。

(3)设立锚段有利于供电分段，配合开关设备，满足供电方式的需要。可实现一定范围内的停电检修作业。

2. 锚段长度确定

接触网每个锚段包括若干个跨距。在确定锚段长度时，要考虑发生事故的影响范围；当温度变化时，因线索伸缩引起吊弦、定位器及腕臂的偏斜不超过允许值；下锚处补偿坠砣应有足够的上下移动空间；要保证在极限温度下，中心锚结处和补偿器端线索张力差不超过规定值。由于线索顺线路的热胀冷缩移动，使每一根吊弦、定位器和腕臂固定点处，因偏斜而对线索产生分力作用出现张力差。对于半补偿链型悬挂，设计规定其张力差不超过接触线额定张力的±15%；全补偿链型悬挂，除满足接触线张力差外，要求承力索张力差不超过承力索额定张力的±10%。

锚段长度一般采用两种方法确定，经验取值法和计算法，经验取值法可根据相关文件中的经验值表确定，见表4.3。计算法则通过对线索张力差的计算，确定锚段长度。

表4.3 链型悬挂锚段长度经验取值

悬挂类型	锚段所在线路情况	锚段长度/m
半补偿链型悬挂	直线区段(一般)	1 600
	直线区段(困难)	1 800
	直线和曲线各占一半时	1 300
	曲线占70%以上时	1 100
全补偿链型悬挂	直线区段(一般)	1 800
	直线区段(困难)	2 000
	曲线占70%以上时	不超过1 500

隧道内一般不分锚段，但隧道长度超过2 000 m时，应划分锚段，锚段长度确定原则与上述方法相同。

4.4　跨　　距

跨距是指两相邻支柱中心线间的距离，是接触网设计中的重要内容。跨距按经济和技术分类，有经济跨距和技术跨距。只从经济方面考虑投资所确定的跨距为经济跨距，从技术角度考虑受电弓取流要求确定的跨距，称为技术跨距。一般情况下，经济跨距总是大于技术跨距，尤其在高速铁路运行区段，技术要求高。因此接触网以技术跨距来确定实际跨距值。

技术跨距是根据接触线在风力作用下，相对受电弓中心线所产生的允许偏移值确定，然后通过计算接触线弛度，来校验跨距长度是否满足弛度要求。对接触线弛度要求是在链型悬挂中，接触线的正弛度一般不大于 0.15 m，负弛度一般不大于 0.1 m。简单悬挂时，接触线的正弛度可以适当增大些。

根据列车受电弓最大工作宽度（1 250 mm），考虑到线路、接触线调整误差和受电弓晃动等因素影响，相关设计规范规定，在最大计算风速条件下，接触线距受电弓中心的最大水平偏移值，一般地区不得大于 500 mm。

4.4.1　简单接触悬挂受风偏移

1. 接触线水平偏移的分析

当风作用在接触线上时，接触线产生晃动偏离原来的位置。图 4.2 表示的是接触线在跨距内任一点的横断面，接触线在垂直负载 g_j 和水平负载 p_j 作用下，由 A 点移动到 B 点，根据相似形的关系，水平偏移 b_j 为

$$\frac{b_j}{y}=\frac{p_j}{q_v},b_j=y\,\frac{p_j}{q_v}$$

式中　b_j——水平偏移值，m；

p_j——接触线水平风负载，N/m；

q_v——接触线合成风负载，N/m。

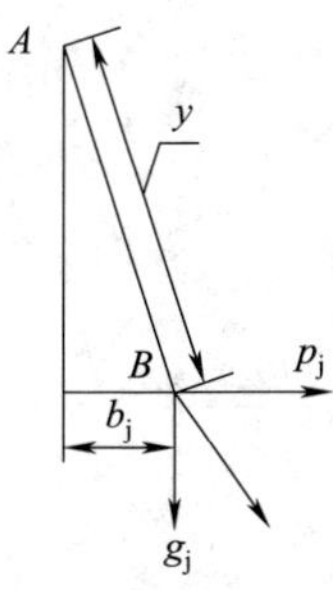

图 4.2　接触线在跨距内任一点的横断面

接触线在跨距内任意点的弛度为

$$y=\frac{q_v x(l-x)}{2T_j}$$

将上式代入，令 $x=\frac{l}{2}$时得

$$b_j=\frac{p_j l^2}{8T_j}$$

2. 直线区段接触线水平偏移及最大跨距

在直线区段上，接触线布置成“之”字值，根据相邻定位点“之”字值的大小，分别按以下两种情况进行计算。

(1)相邻定位点“之”字值相等

导线等“之”字值布置如图 4.3 所示。

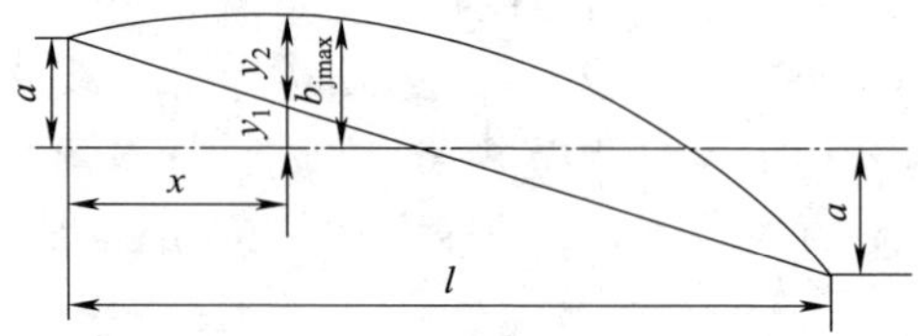

图 4.3 导线等“之”字值布置

跨中任意点接触线相当于受电弓中心的偏移值

$$b_{jx}=y_1+y_2$$

其中

$$y_2=\frac{p_j x(l-x)}{2T_j}$$

根据相似形关系有

$$\frac{y_1}{\frac{l}{2}-x}=\frac{a}{\frac{l}{2}}$$

式中 a——接触线“之”字值，m；

p_j——接触线单位长度上的风负载，N/m；

T_j——接触线张力，N；

l——跨距长度，m。

所以

$$b_{jx}=\frac{p_j x(l-x)}{2T_j}+\frac{a(l-2x)}{l}$$

令

$$\frac{\mathrm{d}b_{jx}}{\mathrm{d}x}=0$$

解得

$$x=\frac{l}{2}-\frac{2aT_j}{p_j l}$$

将 x 值代入 b_{jx} 整理得

$$b_{jmax}=\frac{p_j l^2}{8T_j}+\frac{2a^2 T_j}{p_j l^2}$$

根据设计规定 $b_{jmax}\leqslant 500$ mm。

将上式求解出 l，即为接触线在直线上的最大跨距 l_{max}。

$$l_{max}=2\sqrt{\frac{T_j}{p_j}\left(b_{jmax}+\sqrt{b_{jmax}^2-a^2}\right)}$$

(2)相邻定位点“之”字值不相等

当相邻两定位点“之”字值不相等时，可按等“之”字值的方法计算，令 a 为两定位点“之”字值的平均值，此时

$$a=\frac{a_1+a_2}{2}$$

$$y_3=a_1-a=\frac{a_1-a_2}{2}$$

于是

$$b_{jx}=y_1+y_2+y_3$$

所以

$$\begin{aligned}b_{jmax}&=\frac{p_j l^2}{8T_j}+\frac{2\left(\frac{a_1+a_2}{2}\right)^2 T_j}{p_j l^2}+\frac{a_1-a_2}{2}\\&=\frac{p_j l^2}{8T_j}+\frac{(a_1+a_2)^2 T_j}{2p_j l^2}+\frac{a_1-a_2}{2}\end{aligned}$$

式中　a_1、a_2——左右定位处接触线拉出值。

3. 曲线区段接触线水平偏移及最大跨距

在曲线区段定位点处，接触线布置成拉出值，受到风力作用后，导线相对于受电弓中心的偏移如图 4.4 所示。

根据△AOB∽△BOC

$$\frac{y_1}{\frac{l}{2}}=\frac{\frac{l}{2}}{2R-y_1}$$

整理得

$$y_1(2R-y_1)=\frac{l^2}{4}$$

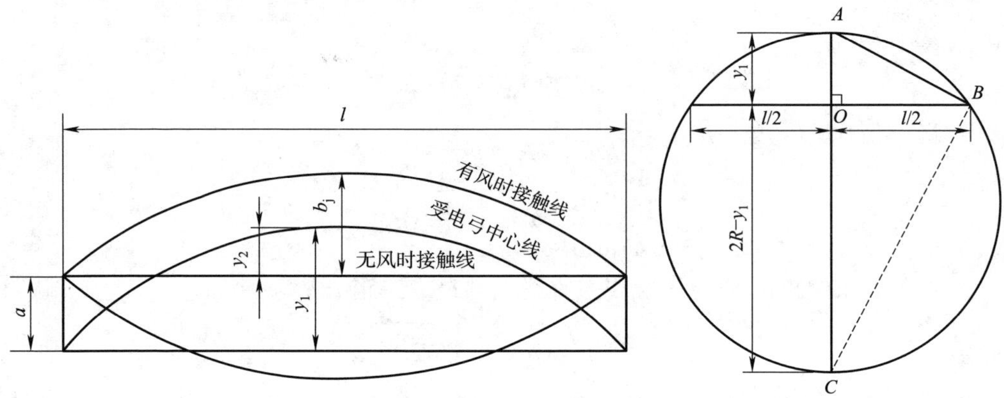

图 4.4 曲线段导线相对受电弓中心的偏移

因为 $2R \gg y_1$，所以

$$y_1 = \frac{l^2}{8R}$$

无风时，接触线距受电弓中心的最大偏移值为

$$y_2 = y_1 - a = \frac{l^2}{8R} - a$$

有风时，接触线距受电弓中心的最大偏移值为

$$b_{\mathrm{jmax}} = \frac{p_{\mathrm{j}} l^2}{8T_{\mathrm{j}}} \pm y_2$$

当风向曲线内侧吹时取“+”号，向曲线外侧吹时取“−”号。

根据计算，风向曲线内侧吹时会出现最不利的情况，接触线对受电弓中心轨迹的最大偏移值为

$$b_{\mathrm{jmax}} = \frac{p_{\mathrm{j}} l^2}{8T_{\mathrm{j}}} + y_2$$

将 y_2 代入上式后得

$$b_{\mathrm{jmax}} = \frac{p_{\mathrm{j}} l^2}{8T_{\mathrm{j}}} + \frac{l^2}{8R} - a = \frac{l^2}{8}\left(\frac{p_{\mathrm{j}}}{T_{\mathrm{j}}} + \frac{1}{R}\right) - a$$

根据上式，求解出曲线区段上的最大跨距值为

$$l_{\max} = 2\sqrt{\frac{2T_{\mathrm{j}}(b_{\mathrm{jmax}} + a)}{p_{\mathrm{j}} + \frac{T_{\mathrm{j}}}{R}}}$$

在设计中，一般是根据已知跨距和拉出值，利用公式计算最大风偏移值，判断是否超过允许值。

通过公式可以看出，拉出值的大小与风偏移有关，因此不能在定位点处只根据

受电弓工作宽度去确定拉出值，还应考虑到跨中接触线风偏移情况，要保证在最大风时受电弓在跨中不出现脱弓事故。

当考虑支柱挠度 r_j 时，风偏移及最大跨距计算公式如下：

(1)直线区段等“之”字值布置时

$$b_{jmax}=\frac{p_j l^2}{8T_j}+\frac{2a^2T_j}{p_j l^2}+r_j$$

$$l_{max}=2\sqrt{\frac{T_j}{p_j}\left[b_{jmax}-r_j+\sqrt{(b_{jmax}^2-r_j)-a^2)}\right]}$$

(2)曲线区段

$$b_{jmax}=\frac{l^2}{8}\left(\frac{p_j}{T_j}+\frac{1}{R}\right)-a+r_j$$

$$l_{max}=2\sqrt{\frac{2T_j}{p_j+\frac{T_j}{R}}(b_{jmax}-r_j+a)}$$

(3)缓和曲线区段

$$b_{jmax}=\frac{l^2}{8}\left(\frac{p_j}{T_j}+\frac{l_x}{Rl_0}\right)-\frac{a_1+a_2}{2}+r_j$$

式中　l_0——缓和曲线长度，m；

l_x——直缓点至计算点的缓和曲线长度，m；

R——圆曲线半径，m。

4.4.2　链型悬挂接触线受风偏移及最大跨距

在链型悬挂中，风同时作用在承力索和接触线上，由于接触线和承力索通过吊弦相互作用，接触线风偏移的状态比较复杂，要精确地计算动态下的相互作用力非常困难。在我国从事轨道交通设计和研究的科研人员努力下，通过实践经验的总结和深入的调查分析，提出了较为科学的链型悬挂接触线受风偏移当量理论计算公式。

当量理论计算公式的意义是把链型悬挂接触线和承力索，通过吊弦的连接看成是一个整体。在计算公式中，仅在简单悬挂风偏移计算公式中的 p_j 旁，乘上一个小于 1 的当量系数，即链型悬挂导线的风偏移比简单悬挂的风偏移要小，这主要是考虑了吊弦对导线的偏移，施加了一个与风向相反的作用力，经过大量计算确定 n 值为

采用钢铝接触线时，$n=0.85$；

采用铜接触线时，$n=0.9$；

$n=1$ 时，则公式变为简单悬挂的计算式。

链型悬挂接触线受风偏移当量理论计算公式为

(1)直线区段等“之”字值

$$b_{jmax}=\frac{np_j l^2}{8T_j}+\frac{2a^2T_j}{np_j l^2}+r_j$$

$$l_{max}=2\sqrt{\frac{T_j}{np_j}\left[b_{jmax}-r_j+\sqrt{(b_{jmax}^2-r_j)-a^2}\right]}$$

(2)曲线区段

$$b_{jmax}=\frac{l^2}{8}\left(\frac{np_j}{T_j}+\frac{1}{R}\right)-a+r_j$$

$$l_{max}=2\sqrt{\frac{2T_j}{np_j+\frac{T_j}{R}}(b_{jmax}-r_j+a)}$$

(3)缓和曲线区段

$$b_{jmax}=\frac{l^2}{8}\left(\frac{np_j}{T_j}+\frac{l_x}{Rl_0}\right)-\frac{a_1+a_2}{2}+r_j$$

接触网跨距除根据风偏移计算外,还应考虑接触线弛度、接触悬挂弹性等因素。我国接触网跨距规定为直线区段最大允许跨距一般情况不应超过 67 m,允许施工误差为+1 m、−2 m。

4.5 弓网间动态接触压力

接触线与受电弓之间的可靠接触,是保证列车良好受流的重要条件。在运行中,接触悬挂的运行状况与受电弓的运行状况密切相关。在受流过程中,受电弓和接触线在机械方面和电气方面都是紧密地相互作用着的,这两个装置之一若发生不正常情况,都可能破坏它们之间的正常接触状态,甚至导致弓线间的脱离,即离线。

4.5.1 弓网间相互作用

受电弓的抬升力对接触悬挂产生机械作用,使接触线升高,其升高的数值取决于接触悬挂的弹性和受电弓给予它的抬升力,也取决于接触悬挂的结构及受电弓在跨距内的位置。

当受电弓沿接触线高速运行时,其受电弓高度的变化(指对每一个跨距而言)大为加剧。因为在这种情况下,受电弓的惯性力显著增加,所以受电弓对接触线的压力就与静态特性所决定的压力大为不同。

在接触线上的集中负荷(如定位器、线夹和分段绝缘器),对弓线接触压力的变化有很大的影响。

在高速运行时，还存在很大的空气动力作用，这是在机车运行中，因风力作用和气流流过受电弓时发生的，这个力可能向上也可能向下，它是与受电弓抬升力合成的结果，在不同程度上改变着弓线间的接触压力。

风力对弓线间的接触状态也产生着一定的影响。当风速不太大(6～10 m/s)时，它作用于悬挂上，使接触线发生长时间稳定的振荡，称为自振荡或跳跃。接触线的自振荡，会使受电弓不能追随接触悬挂的振荡而破坏正常取流，甚至发生大离线。在强劲风的作用下，也会改变弓线间的接触条件，有时还会脱离接触线而发生刮弓事故。

除此之外，在隧道与区间及站场与区间的衔接处，接触线高度发生变化，当受电弓通过这些区段时，由于惯性的影响，弓线间的接触状态也会发生相应的变化，在一定条件下，因速度较高，坡度较大，都会使弓线脱离，破坏正常受流，这是运行中所不允许的，设计时必须考虑。

综上所述，在列车运行中，受电弓与接触线之间的接触压力是变化的，也就是说，弓线之间的接触压力不是稳定的，而是时大时小，有时甚至是零值或者离线。

4.5.2　受电弓参数对动态受流的影响

在高速接触悬挂—受电弓系统中，其动态受流特性是一对矛盾体的两个方面。本节将讨论在高速状态下，受电弓参数对动态受流的影响，包括弓头质量、框架质量、悬挂刚度及阻尼值。

1. 弓头质量

由于在受电弓运行时，弓头沿接触线运动，如果弓头质量过大将会影响弓头的跟随性，若在受电弓作用下，接触线的变形按正弦规律变化。在受电弓与接触线保持接触时，接触线单位长度质量 m 与受电弓质量 M_c 之和 M_t 也将按照这个正弦规律运动。当接触线的变形幅值为 $2c$ 时，受电弓运动的最大加速度为 $\pm\omega^2 e$，这时接触压力的变化为

$$P_1=P_0+M_t\omega^2 e$$
$$P_2=P_0-M_t\omega^2 e$$

式中　ω——角频率，其值为 $2\pi/T$；

P_0——抬升力。

接触压力是影响受流的重要因素。从公式可知，接触压力变化值在 $-M_t\omega^2 e$～$M_t\omega^2 e$ 之间，它是受电弓的运动引起的。瞬间惯性力 $M_t\omega^2 e$(式中 $e=E\sin\omega t$)相当于一个惯性干扰力，如最大惯性干扰力 $M_t\omega^2 e$ 大于抬升力 P_0 时，则 $P_2=P_0-M_t\omega^2 e<0$，这时将发生离线，很显然在高速运行时，ω 值较大，接触压力的变化值也较大。若通过降低质量 M_t，一方面可有效避免离线($P_2<0$)；另一方面可降低压力的变化幅度。因此，减少质量是减小惯性、提高受电弓跟随能力的重要途径。

2. 框架质量

受电弓框架相对于二系悬挂，它对于受流性能而言比弓头质量影响小，但减小框架质量也有利于受流，模拟结果和理论计算均表明，减少滑板质量对于在 0～4 Hz 的频率范围总是有利的，但只有在 1 Hz 时，减少框架质量对于接触压力才有较大改善，在 3 Hz 以上，则有时会有相反的趋势。但在实际情况中，1 Hz 时的响应幅值相对于 5 倍 4 Hz 的响应幅值，所以，减小框架的质量也是很有意义的。

3. 弓头弹簧刚度

减小滑板刚度可适当地改善受电弓性能，并可改善高速受流。如果弹簧刚度过大，接触线的微小振动都会引起弓头弹簧作用力的较大变化。另外，在受电弓接近支柱时，由于接触悬挂刚度变大，使得受电弓必须向下运动，如果用较软的弹簧，则滑板易于相对框架而运动，并缓冲由于接触悬挂因刚度变化产生的影响。所以减少滑板刚度有利于提高跟随性，改善高速受流质量。模拟结果表明，为了有利于高速受流，弓头弹簧悬挂刚度宜控制在 4 000 N/m 之内。

4. 阻尼值

受电弓阻尼实际上包含有滑板阻尼、框架阻尼以及干摩擦等。根据计算结果可知，对于滑板阻尼，当增加时，受电弓低频率响应得到较大改善，但高频率响应反而变差了，因而只有在取一个适当值时，方能得到最佳效果。

对于框架阻尼，在增加时，使低频率响应变差，而对于高频率则有所改善。同样，在某一个最高速度下，也存在一个最佳阻尼值，它使得受电弓在高速运行时的接触压力的变化最小。根据计算，框架阻尼的公式为

$$B_f = 0.4\sqrt{c_1 m_c}$$

式中 c_1——受电弓铰接支持装置弹簧的刚度，N/m；

m_c——框架的归算质量，kg。

从总体讲，阻尼能有效地遏制受电弓振荡，但阻尼过大又会阻碍受电弓的运动，影响其跟随性，所以应在给定运行速度以后，选择合理的阻尼值。

在受电弓存在的阻尼中，还存在干摩擦，其干摩擦有利于遏制受电弓危险的谐振，但干摩擦太大时将不利于受流。

第 5 章　架空式刚性接触网

架空式刚性接触网是将传统的接触线夹装在汇流排中，用汇流排取代了承力索，并靠它自身的刚性保持接触线的固定位置，使接触线不因重力而产生较大弛度。

架空式刚性接触网节省隧道净空，可靠性强，耐磨性好，接触网零件简单，维修成本大大降低。

5.1　架空式刚性接触网的要求

架空式刚性接触网系统是给列车提供持续电能的特殊供电设备，需从可靠性、可维护性、安全性、功能扩展性以及工作稳定性等多方面加以考虑。一般对架空式刚性接触网系统有以下要求：

1. 架空式刚性接触网系统应安全、可靠，满足列车最高行车速度的要求，保证受电弓良好地取流。

2. 地下段架空接触网一般采用刚性或柔性悬挂方式；地面及高架线路一般采用柔性悬挂方式；车场线采用柔性悬挂方式。

3. 架空式刚性接触网采用直流供电方式，额定电压为 1 500 V 或 750 V，架空式刚性接触网导线的总截面满足远期高峰小时列车取流的要求。

4. 悬挂方式应结构简单，便于安装、维修和运行。架空式刚性接触网的设备和器材应耐腐蚀、寿命长、维修少。

5. 架空式刚性接触网绝缘距离应符合国家标准的要求，即带电体对接地体的距离为：对于直流 750 V 系统，静态为 25 mm，动态为 25 mm；对于直流 1 500 V 系统，静态为 150 mm，动态为 100 mm。

6. 架空式刚性接触网设备除与车辆有相互作用的设备外，任何情况下不得侵入设备限界。

7. 架空式刚性接触网系统应架设全线贯通的架空地线，所有与架空式刚性接触网带电部分通过绝缘隔离的金属部分皆连接至架空地线。

5.2 架空式刚性接触网的技术参数

架空式刚性接触网一般适用于地下段，而不应用于地面及高架桥。地面及高架桥若要采用架空式刚性接触网则必须安装专门支架来悬挂支撑，投资较大。

汇流排一般由铝材制成，重约 5.9 kg/m，一般 12 m 一段，安装时用中间接头将其连接为一体。刚性悬挂目前允许行车速度为 120～140 km/h。柔性悬挂的受电弓同样可以在刚性悬挂中使用。

架空式刚性接触网汇流排本身可承受较大的电流，所以目前采用的均为单根接触线的汇流排。

架空式刚性接触网的技术参数如下。

1. 接触线高度

隧道内刚性悬挂接触线工作支悬挂点距轨面连线的高度一般为 4 040 mm，最低不得低于 4 000 mm。

2. 跨距长度

架空式刚性接触网悬挂点的正线最大跨距：曲线为 6～8 m，直线为 8～10 m。相邻两跨距之比不宜大于 1.25∶1。

3. 锚段长度

锚段长度一般为 200～250 m，最大锚段长度不超过 300 m。

4. 接触导线坡度

架空式刚性接触线高度变化时，其坡度不宜大于 2‰。

5. 拉出值

架空式刚性接触网 500 m 长度内的拉出值一般为±200～±250 mm。

6. 锚段关节

架空式刚性接触网的锚段关节由平行布置的两汇流排组成，汇流排的重叠区域的长度为 6.6 m。其中非绝缘锚段关节两平行汇流排间距为 200 mm，绝缘锚段关节两平行汇流排间距为 300 mm。

7. 绝缘距离

架空式刚性接触网设备和车辆在任何情况下都应满足的最小净空尺寸与架空式柔性接触网相同。

5.3 汇　流　排

5.3.1　汇流排电气和机械性能

汇流排电气和机械性能见表 5.1。

表 5.1　汇流排电气和机械性能

序　号	项　　目	技术数据
1	标称横截面(PAC110)	2 213 mm^2
2	计算质量	5.19 kg/m
3	20 ℃时电阻	$3.29\times10^{-5}\Omega\cdot mm^2/m$
4	线性膨胀系数	2.4×10^{-5}/℃
5	弹性模量	69 000 N/mm
6	汇流排燕尾槽处单边张开 2.2 mm 最多次数	10 次
7	汇流排燕尾槽夹口处表面光洁度	6.3 μm
8	汇流排型材水平方向人工弯曲最小半径	80 m
9	汇流排型材水平方向机械预弯最小半径	45 m
10	汇流排型材水平方向弯曲最多次数	8 次
11	单位制造长度	$L=12$ m
12	相当于铜当量截面	1 233 mm^2

5.3.2　刚性汇流排特点

汇流排是轨道交通的新型供电方式，它由铝排和嵌在铝排的弹性夹口之间的铜接触线组成，如图 5.1 所示。

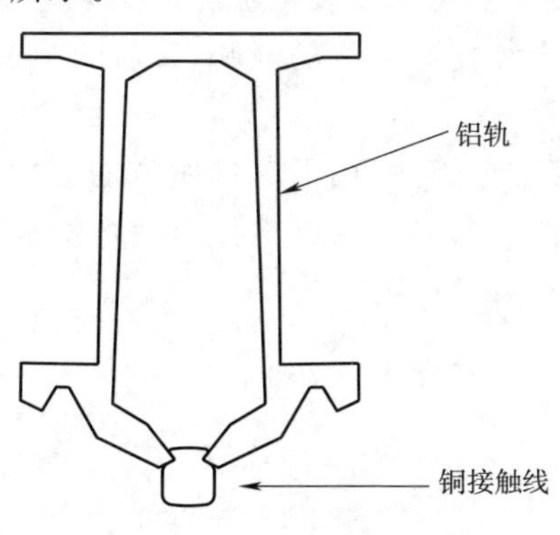

图 5.1　汇流排示意

在铝排的弹性夹口的作用下，安装铜接触线时无需螺栓，这给铜接触线的安装和日后的更换带来极大的方便。汇流排系统主要用于隧道和车场。汇流排和传统的接触网相比有许多优点，这些优点可以解决以下传统接触网难以解决的技术问题。

1. 降低高度需求

汇流排在隧道中仅需很小的安装空间，而在同样的高度内，传统的接触网是无法完成安装供电的。这样就降低了新建隧道的工程预算，进而降低整个成本。

2. 横截面

汇流排提供很大的截面，相当于 1 200 mm^2 的铜导线。对于高速特别是使用较低电压(750 V 或者 1 500 V)的轨道交通而言，使用汇流排之后，即使开行间隔很小(2 min)，也无需增加用于减小电压降的额外电缆。

3. 机械张力

汇流排仅承受自重，无需额外的机械张力支持。由于不存在接触网断线的潜在威胁，使得系统的可靠性大大提高。巴黎大区快铁 C 线就是一个例子，他们因为传统的接触网经常发生断线事故而决定安装汇流排。在更换之后，再也没有因接触网断线而引起停运。

像这样无张力的系统也非常适用于车场的供电，因为不再需要众多的沿铁路布置的锚固和支架给接触网提供张力。

张力的取消使得移动供电(比如车场内的折叠式供电、隧道和桥下的供电)更加简单。

最后，由于没有张力，可以不必担心因接触线过度磨损而导致的断线，这样一来接触线的寿命得以延长，并推迟更换的时间。

4. 可靠性

铝排类似散热器的形状可以显著改善散热效果。这种散热效果和无需张力可以防止铝排和接触线的过热。一旦安装汇流排就无须担心线路繁忙和线网短路。汇流排的运行简单可靠，无须担心断线的威胁，日后的维护工作量也非常小。

5. 简便

传统的接触网由许多部分组成，而汇流排所需的部件减少到 1/10。由于汇流排的高可靠性，可以大大减少备品。这种简便也使得安装工作快速迅捷。

汇流排主要应用于以下两种场合：

(1)隧道内的供电。

(2)车场内的供电或者移动供电。

5.3.3 隧道中的汇流排

汇流排之所以用在隧道中是因为对空间的需求很小。实际上，汇流排本身(包括铝排和接触线)仅仅需要 110 mm 的空间，加上支撑装置和电气安全距离(DC 750 V/DC 1 500 V)，从汇流排的接触面到隧道的顶部也只需要 300 mm。这样小的高度需求可以减少隧道的建设预算，进而显著降低建设成本。

隧道由于出入不便，维护工作进行困难，由于汇流排的高可靠性和低维护量，因此将其用在隧道中是非常值得的。

1. 支撑装置

汇流排的支撑装置固定在隧道顶部，支撑装置由固定铝排的悬挂夹组成，悬挂夹用螺栓固定在绝缘子上，悬挂夹、绝缘子通过一个钢支架固定在隧道顶上。

支撑装置必须提供以下三个方向的调整：

(1)拉出值调整：支撑装置需要提供的调整范围是±245 mm。

(2)高度调整：为了补偿在隧道顶部的安装误差，支撑装置必须在高度方向提供±30 mm 的调整范围。

(3)在弯道处的坡度调整：支撑装置必须与轨道弯道处的坡度相适应。

支撑装置用于在横向和垂直方向固定汇流排。在纵向(运行方向)，必须允许汇流排自由伸缩。为满足这一要求，有两种支撑装置：固定支撑和旋转支撑。

(1)固定支撑

使用这种支撑，由温度变化引起的汇流排的热胀冷缩通过可滑动的悬挂夹来实现。铝排可以在特氟龙的接触面上轻松滑动。

垂直方向的调整是通过固定在隧道顶上的螺栓来实现的，这些螺杆固定在轨道中间的顶上。拉出值调整通过调整固定在钢支架上的悬挂夹和绝缘子的组件来实现。下面有三个例子：例一的调整是通过移动在角钢上的悬挂夹实现的；例二是通过调整在两个背对着的 U 形导轨上的螺杆实现的；例三是通过移动绝缘管上的悬挂夹实现的。这些支撑装置简单而且便宜。

例一：移动角钢上的悬挂夹(图 5.2)。

这种支撑装置有一个 PVC 的保护罩安装在绝缘子顶部用来防止污染和尘埃。

例二：调整背对安装的 U 形导轨上的螺杆(图 5.3)。

例三：移动绝缘管上的悬挂夹(图 5.4)。

(2)旋转支撑

这种支撑有一个垂直的旋转轴，以适应汇流排纵向的移动。

例一：绝缘支撑(图 5.5)。

例二：铰链支撑(图 5.6)。

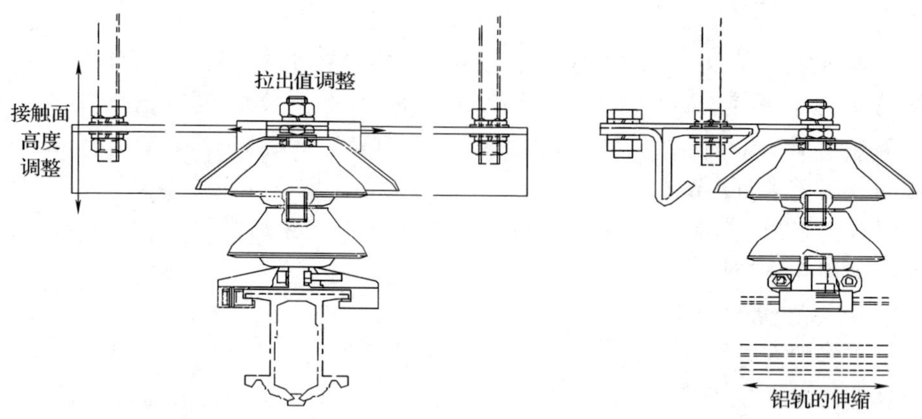

图 5.2　移动角钢上的悬挂夹

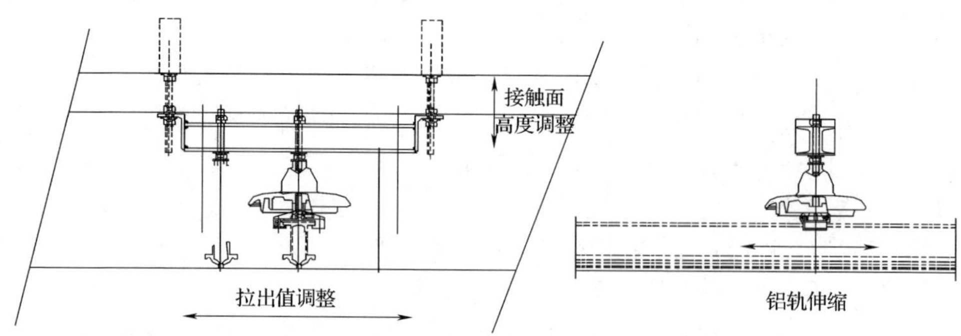

图 5.3　调整背对安装的 U 形导轨上的螺杆

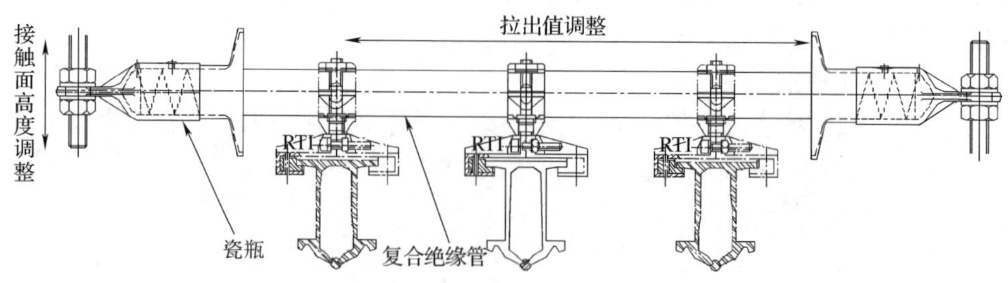

图 5.4　移动绝缘管上的悬挂夹

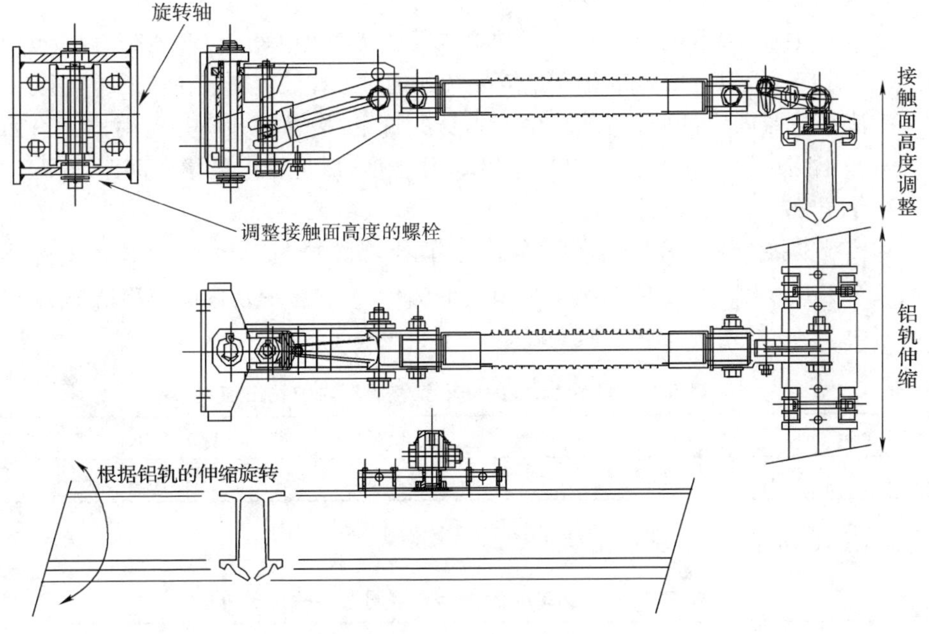

图 5.5　绝缘支撑

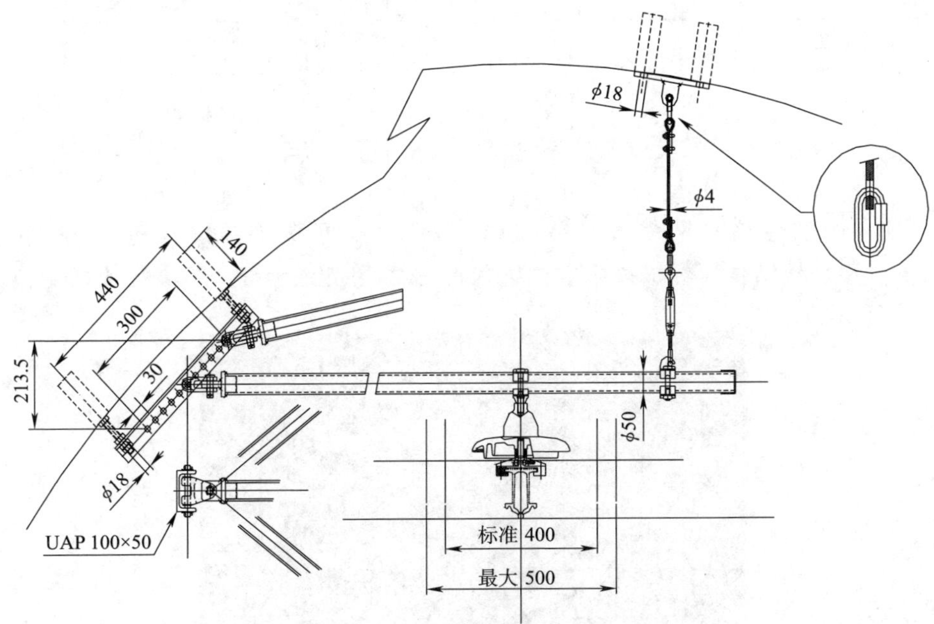

图 5.6　铰链支撑(单位:mm)

2. 支撑的间距

根据供电的机械和电气要求，汇流排必须保证持续供电，也就是说必须保持受电弓和接触线的良好接触。根据隧道的特点，汇流排通过支撑装置安装在隧道的顶上。

汇流排按照固定的间距安装，由于本身的自重，接触面并不是绝对的平直而是略有一些正弦形状。正弦的振幅是 $f/2$，f 是弛度，L 是支撑装置的间距。

3. 拉出值

和传统的接触网一样，汇流排在运行方向上布置成“Z”形。拉出值的实际形状看起来像正弦形状。拉出值的幅度是 200 mm。一个完整周期内的拉出值如下：

间距 12 m 的情况，其拉出值见表 5.2。

表 5.2 间距 12 m 的一个完整周期内的拉出值

长度/m	0	12	24	36	48	60	72	84	96	108	120	132	144
偏移/mm	−200	−140	−70	0	70	140	200	140	70	0	−70	−140	−200

间距 10 m 的情况，其拉出值见表 5.3。

表 5.3 间距 10 m 的一个完整周期内的拉出值

长度/m	0	10	20	30	40	50	60	70	80	90	100	110	120
偏移/mm	−200	−140	−70	0	70	140	200	140	70	0	−70	−140	−200

汇流排之间依靠连接板连接，连接板可以保证汇流排间的电气和机械的连续性。

5.4 中心锚结

现有的刚性接触网多数在隧道内，刚性接触网整个锚段较短，一般小于 250 m。中心锚结位置在锚段中心位置附近，设置在定位点上(图 5.7)或两定位点中心(图 5.8)。

图 5.7 刚性悬挂中心锚结(定位点)

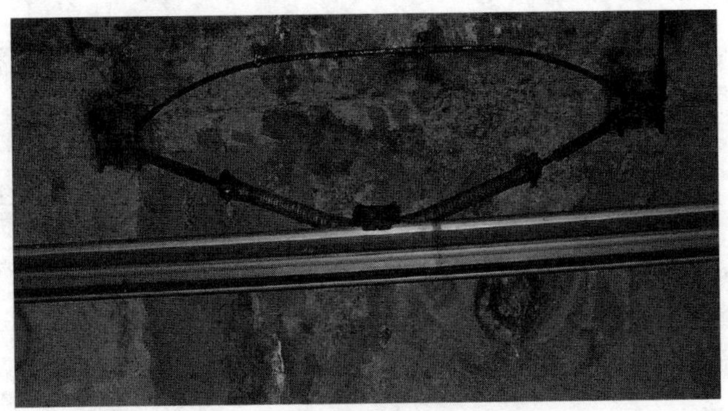

图 5.8　刚性悬挂中心锚结(跨中)

5.5　锚 段 关 节

两锚段之间通过锚段关节过渡。在速度大于 100 km/h 时,使用膨胀结过渡;在速度小于 100 km/h 时,使用两个并列的弯头过渡,两个弯头组成的膨胀接头如图 5.9 所示。

图 5.9　两个弯头组成的膨胀接头

除了机械连续性之外,膨胀接头还要确保相邻段的电气连接。因此,在相邻的弯头上安装馈电连接板并用柔软的电缆(如 HO7RNF)连接起来。这些电缆必须有足够的余量(最少 15 cm)以确保在汇流排膨胀后不会受到额外的拉力。同时还要注意,连接电缆不得妨碍受电弓通过,锚段关节弯头如图 5.10 所示。

两个弯头的间距为 200 mm,每个弯头都用两个悬挂夹固定。受电弓在两个弯头的悬挂夹之间的部分过渡,实际上,这里才是接触面,弯头部分仅是作为调整

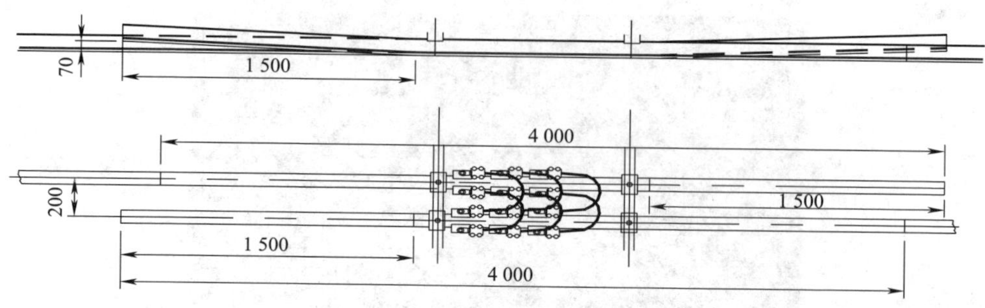

图 5.10 锚段关节弯头(单位:mm)

时的安全区域。在设计时要特别注意,膨胀接头必须在铁轨的中间,也就是说每个弯头从中心偏移 100 mm。

5.6 线 岔

分支使用弯头供电,轨道的直线部分通过直汇流排供电,分支出来的轨道通过起始于道岔的另一段汇流排供电。在分支的端部安装有弯头,用于从直汇流排到分支的过渡。对于空气间隙组成的绝缘段或者膨胀接头处,从直汇流排到分支的过渡是在弯头的直线部分完成的,斜面部分是在汇流排的相对高度调整有误的情况下作为安全区域用的。分支和道岔如图 5.11 所示。

图 5.11 分支和道岔

在道岔处,最好将道岔部分的汇流排安装稍高于直线部分,这样可以确保列车在通过直线部分时其受电弓不会刮到道岔的汇流排。

5.7　刚柔过渡

用于刚性网和柔性网的过渡设备必须保证接触面的电气和机械的连续性。因为柔性网和刚性网有不同的惯量,为了避免在过渡时产生硬点,有必要使用一个专门的过渡装置,如图 5.12 所示。过渡装置元件由一节铝排加工而成,它可以缓慢地将张力减小至接触线可以承受的程度。为了防止铜线在铝排的夹口内滑动,在接触线上安装有一个夹子将其固定在铝排上。

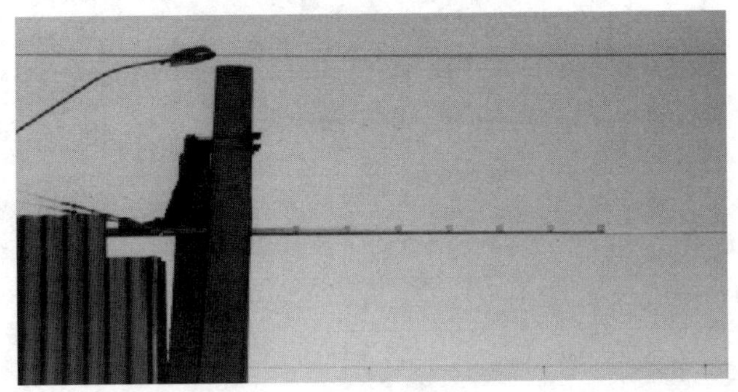

图 5.12　过渡装置

必须用强力锚固固定过渡装置和弯头组件,以消除来自传统接触网的机械张力。在下面的过渡元件中使用了一个弯头,作为第一节的膨胀接头。过渡元件必须用保护罩板保护,以防止水和灰尘进入铝排。刚柔过渡如图 5.13 所示。

图 5.13　刚柔过渡

第6章 接 触 轨

第三轨悬挂方式由于具有可降低隧道上方净空、供电线路的维修工作量少、其架设不影响城市景观等优点，目前正作为一种地下线路与高架线路的重要悬挂方式得到广泛的重视与应用。但由于第三轨的安装位置较低，且供电轨部分处于裸露状态，因此安全防护工作显得十分重要。

6.1 接触轨系统的主要技术特征

接触轨系统的技术特征主要有三个：一是电压等级；二是安装方式；三是导电轨材料。

6.1.1 电压等级

目前世界上城市轨道交通中的直流牵引网电压等级繁多，接触轨系统的电压等级有：600 V、630 V、700 V、750 V、825 V、900 V、1 000 V、1 200 V 等；国外接触轨系统的标称电压一般在 1 000 V 以下，西班牙巴塞罗那采用过直流 1 500 V 及 1 200 V 接触轨，美国旧金山 BART 系统为直流 1 000 V 接触轨。目前国内接触轨系统标称电压为直流 750 V，国际上接触轨电压等级的发展趋向是 IEC 标准中的直流 600 V、750 V。

6.1.2 安装方式

接触轨系统根据受流位置的不同，可分为上部受流接触轨、下部受流接触轨和侧部受流接触轨三种形式。

1. 上接触式(图 6.1)

接触轨装在专用绝缘子上，底朝下。取流时，接触靴自上压向接触轨。上接触式的接触力不由受流器(集电靴)的质量和磨耗情况决定，而只受弹簧支座特性的控制，并能减少在间隙和道岔等处的电流冲击。上接触式接触轨固定方便，但不易加防护罩。

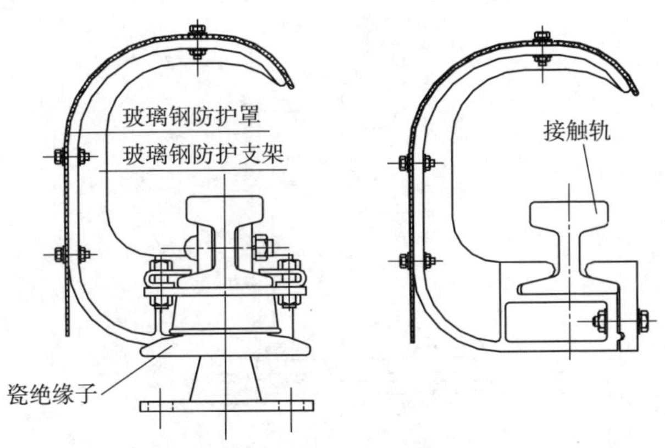

图 6.1 上接触式接触轨

2. 下接触式(图 6.2)

下接触式的接触轨底朝上,紧固在绝缘子上,并且由固定在枕木上的弓形肩架予以支持。下接触式的优点是可以加防护罩,对工作人员较为安全。这种方式安装较为复杂,费用较高,在经常冰冻和下雪而造成集电困难的地区使用较为普遍。

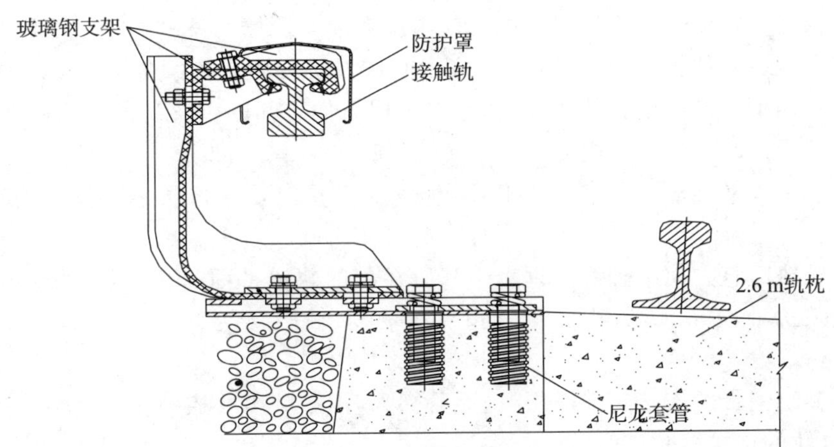

图 6.2 下接触式接触轨

3. 侧接触式(图 6.3)

第三轨轨头端面朝向走行轨,取流靴从侧面受流,跨座式独轨车辆就采用侧面接触式取流,其取流靴装在转向架下部,我国重庆轻轨采用此受流方式。

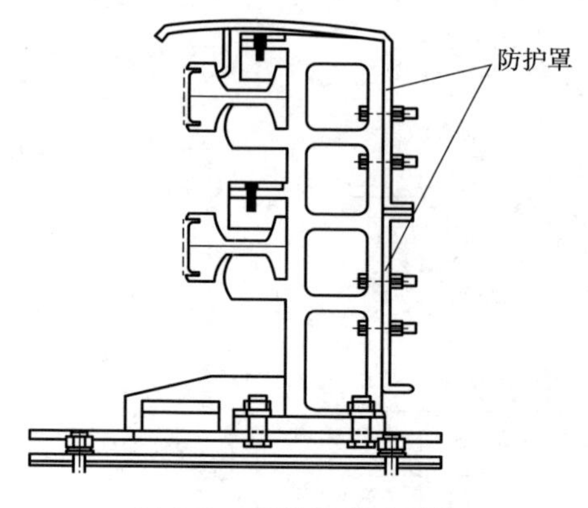

图 6.3　侧接触式接触轨

6.1.3　导电材料

接触轨可采用低碳钢材料或钢铝复合材料。

6.2　钢铝复合轨

钢铝复合接触轨由轻质的导电铝轨本体和非常耐磨的不锈钢接触面构成。轨身由高强度耐腐蚀铝合金(6101-T6)挤压而成。接触面是连续的 6 mm 厚的不锈钢带。不锈钢带同导电铝轨机械复合,以确保它们之间的金属结合,从而保证铝和不锈钢带间的较小的接触电阻。

20 ℃时,复合轨的直流电阻不超过 8.5 mΩ/m。每根复合轨供货长度为 15 m。

接触轨竖直方向中轴线应垂直于其所在处的轨道平面,垂直距离为 200 mm,允许偏差为 ± 5 mm;接触轨距轨道中心的水平距离为 1 510 mm,允许偏差为±5 mm。

接触轨钢带的连接应平滑顺畅、无阶梯,其不平顺度要控制在 0.5 mm 范围之内,复合轨的连接缝隙应密贴。

接触轨检修时,严禁硬拉、硬扯或敲击整体绝缘支架。

正线接触轨受流面在两相邻绝缘支架处相对高差不得大于 2.5 mm,困难条件下不大于 5 mm。复合接触轨截面如图 6.4 所示,接触轨的结构断面及其参数见表 6.1。

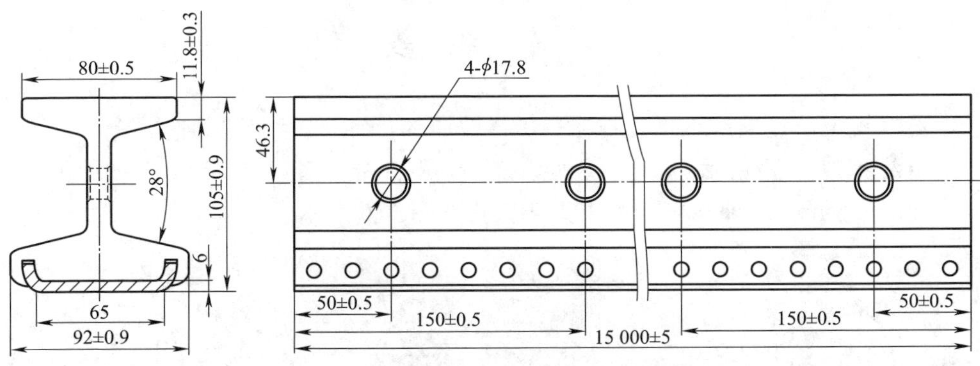

图 6.4 复合接触轨截面(单位:mm)

表 6.1 接触轨的结构断面及其参数

名 称	复合轨
轨高/mm	105
轨底宽/mm	80
接触面宽/mm	65
总宽/mm	92
质量/(kg·m^{-1})	14.5
标准长度/m	15
20 ℃时的单位电阻/(Ω·km^{-1})	0.008 092

钢铝复合轨连接实物如图 6.5 所示。

图 6.5 钢铝复合轨连接实物

6.3 绝缘支架

绝缘支架由玻璃纤维增强树脂(GRP 玻璃钢)采用模压工艺制造。

绝缘支架主要由底座、接触轨托架、接触轨卡爪组成。绝缘支架高度分 458 mm、528 mm 两种规格。绝缘支架实物如图 6.6 所示。

图 6.6 绝缘支架实物

6.4 端部弯头

端部弯头分为高速和低速端部弯头。其作用是保证列车在额定速度运行时,受电靴能够平滑地接触和脱离复合轨。端部弯头的结构如图 6.7 所示。

端部弯头分为正线和车场线两种 ,正线端部弯头长度为 5.2 m,端部弯头两端的高度差≥126 mm;坡度为 1∶40。车场线端部弯头长度为 3.4 m,坡度为 1∶30。每一个端部弯头的端部都经过预弯,坡度更大一些,这样能保证端部弯头具有更好的自熄弧特性。工厂加工端部弯头时用标尺严格检验坡度。

端部弯头采用两个绝缘支架进行支撑,与接触轨采用普通接头连接,可确保其接口处高度相同,无须进行打磨。由于端部弯头构造无任何方向性,它与接触轨的连接同接触轨之间的连接方式一样,可被安装在任何一个区段的末端。

端部弯头预弯以后,采用铝合金做填充剂,进行气体保护金属极电弧焊,焊后进行接口表面的清洗处理,以避免焊接后零件出现焊接裂纹和焊接应力。端部弯头的实物如图 6.8 所示。

图 6.7 端部弯头结构(单位:mm)

图 6.8 端部弯头实物

6.5 绝缘防护罩

第三轨直接暴露在外,长久会对接触轨造成腐蚀和损伤,降低接触轨的使用寿命,所以在这些区段采用防护罩作为保护。防护罩分为接触轨防护罩、支架防护罩、电缆接线板防护罩、特殊中心锚结防护罩等几类。

防护罩厚度为(2.8 ± 0.2) mm,普通防护罩单位制造长度为(4 600±5) mm;防护罩支撑卡每隔 500 mm 布置一处。防护罩实物如图 6.9 所示。

图 6.9 防护罩实物

6.6 普 通 接 头

每一段接触轨、端部弯头或膨胀接头都是通过一套普通接头连接的,接头的材质与接触轨的材质相同,均为 6101-T6。普通接头本体毛坯采用挤压成型,表面强度高,粗糙度低,外形尺寸准确。每一套普通接头配有四套紧固件,每套包括螺栓、碟形弹垫各一个,螺母、平垫各两个。普通接头本体上有四个 ϕ17 孔,且对称分布,并预先在工厂加工好。普通接头结构如图 6.10 所示。

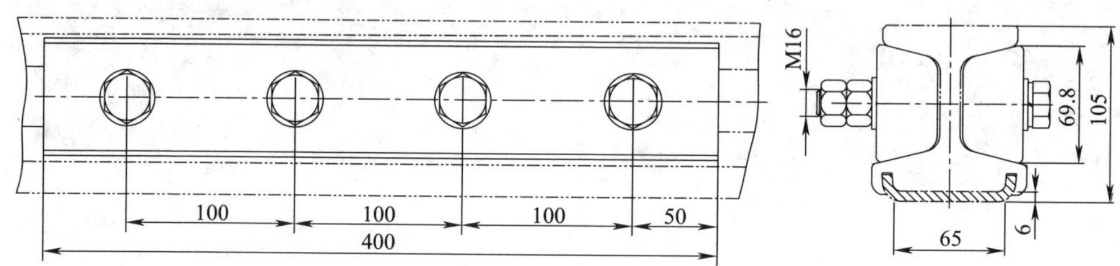

图 6.10 普通接头结构(单位:mm)

6.7 膨 胀 接 头

由于环境温度的变化或运行中电流产生的热量,都会造成接触轨温度的变化,使接触轨因热胀冷缩而产生长度变化,因此需要安装膨胀接头,在机械和电气特性两方面连接两根长轨中间的空隙。

膨胀接头由两根长轨(左右滑轨)和一根短轨组成。为了保证集电靴顺利通过膨胀接头,长轨和短轨都要对角切掉 15°(长短轨的接缝为斜角),这样可以使表面连续,间隙可以调整并且可以重合,以便使集电靴可以平滑地从一端过渡到另一端。左右滑轨的作用是让集电靴在膨胀点过渡时减小运行中产生的电弧。为了帮助电能转换,在设计上考虑了一个中间块用来协助集电靴。膨胀接头结构、实物如图 6.11、图 6.12 所示。

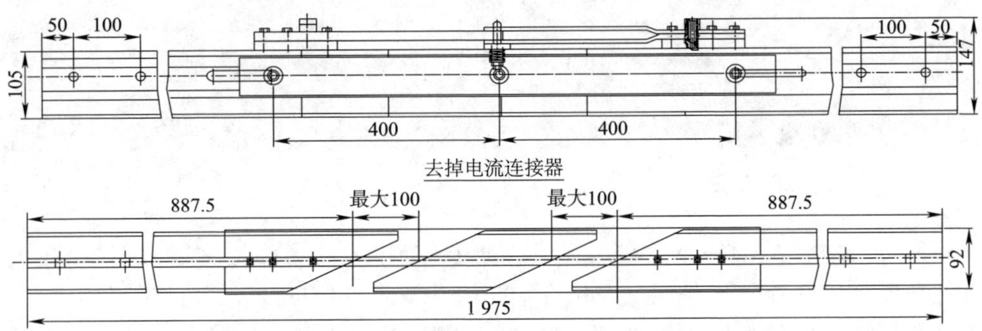

图 6.11 膨胀接头结构(单位:mm)

图 6.12 膨胀接头实物

6.8 中心锚结(防爬器)

中心锚结(防爬器)用于保证复合轨因受到热胀冷缩产生的力向锚段两侧均匀移动。一套防爬器由两块梯形截面铝块组成。安装在支架附近夹持着复合轨,每处使用两套。中心锚结实物如图 6.13 所示。连接方式是通过螺杆将锚固固定在复合轨上。防爬器按结构分为普通防爬器与锚结用防爬器。

1. 普通防爬器

每套普通防爬器由一对梯形截面铝块组成,用两套紧固件连接,每套包括螺栓、碟形弹垫各一个,螺母、平垫各两个。螺栓、螺母材质分别为 0Cr18Ni9 和

图 6.13 中心锚结实物

1Cr18Ni9，规格为 M16，平垫材质为不锈钢 1Cr18Ni9，碟形弹垫材质为 1Cr18Ni9。普通防爬器的螺栓防松是通过采用碟形弹垫和双螺母保证的。

普通防爬器每个铝块上都已钻好 2-ϕ17 孔，用不锈钢螺栓紧固在轨腰上。与接触轨连接采用两套 M16 不锈钢螺栓。普通防爬器结构如图 6.14 所示。

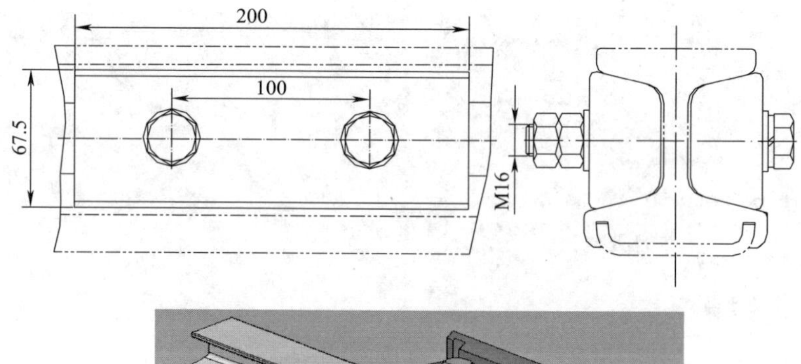

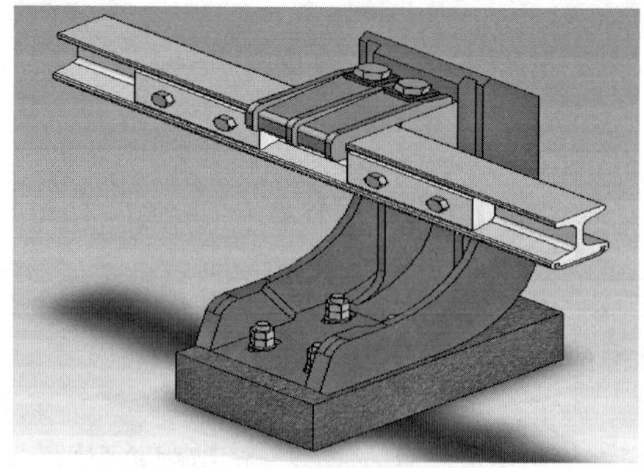

图 6.14 普通防爬器结构(单位：mm)

2. 锚结用防爬器

接触轨锚结用防爬器是用于防止接触轨长轨向两侧部均匀窜动的固定连接件，经过设计和试验，机械性能符合设计指标要求，外形构造独特新颖，结构合理，各组成零件之间具有互换性。锚结用防爬器结构如图 6.15 所示。

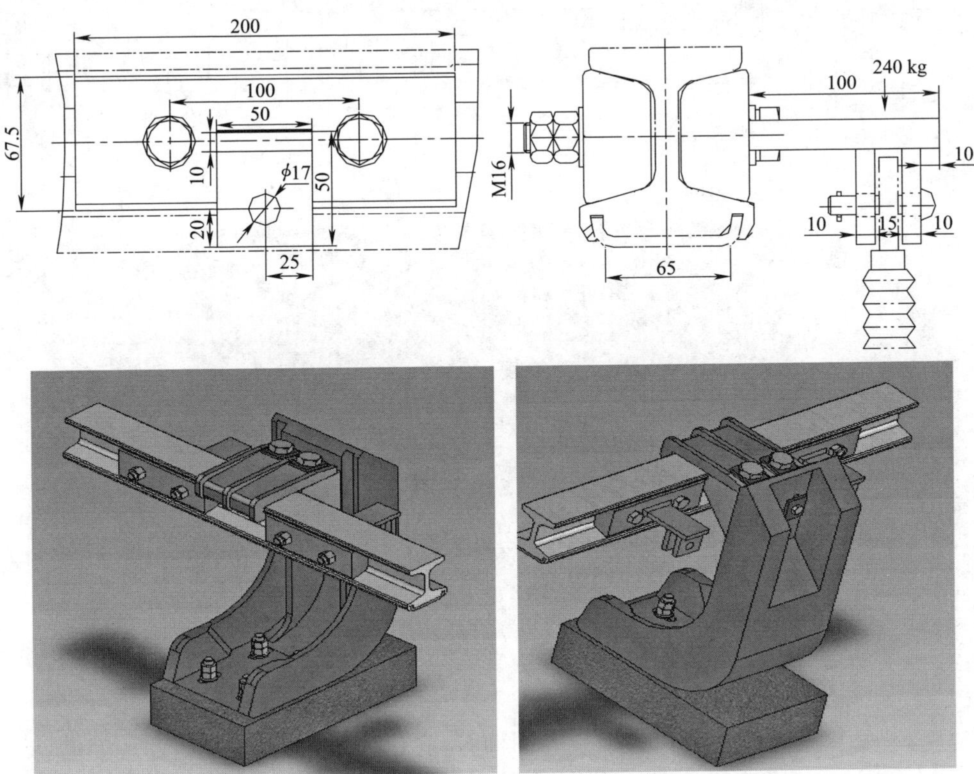

图 6.15 锚结用防爬器结构(单位：mm)

6.9 电连接中间接头

电连接用中间接头是连接供电电缆向接触轨供电的零件，它由两片铝合金零件组成，一块是普通接头本体，另一块在普通接头本体上焊有四个电连接板，可以连接八根电缆。电连接用中间接头结构、实物如图 6.16、图 6.17 所示。电连接用中间接头材质与接触轨的材质相同，均为 6101-T6。电连接用中间接头能安装在接触轨的任何位置，例如，牵引变电所出口、接头、弯头、电分段或道岔处。

电连接用中间接头本体及电连接板的截面积足够大，可以承载 3 000 A 电流，保证输送满负荷接触轨额定电流时不过热。接头本体的轮廓与接触轨腰面紧密接触,确保电流续接的要求。

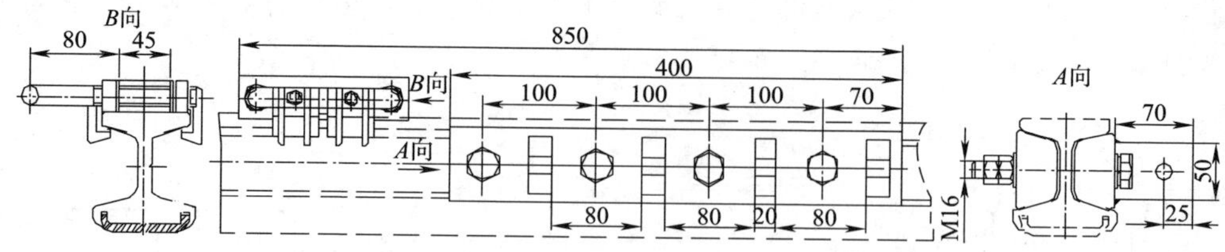

图 6.16　电连接用中间接头结构(单位:mm)

图 6.17　电连接用中间接头实物

每一套电连接用接头配有四套紧固件,每套包括螺栓、碟形弹垫各一个,螺母、平垫各两个。电连接用中间接头的螺栓防松是通过采用碟形弹垫和双螺母保证的。

电连接用中间接头将保证最少连接八根电缆,同时考虑了接地挂环的安装,主要用于接触轨接地保护用。

电连接板本体材质与接触轨的材质相同,均为 6101-T6。电连接板是用来连接柔性供电电缆的,注意接入电缆的长度要足够长,尤其对铝轨的纵向移动不应有所影响,也不能给铝轨的侧边造成任何应力。

第7章　接触网零件及其设计

7.1　接触网零件

7.1.1　零件图及其内容

用来指导加工制造和检验零件的图样称为零件图，它包括下列内容：

1. 表达零件形状结构的一组视图。

2. 确定零件各部分结构大小和其位置的尺寸。

3. 说明零件在制造和检验时应达到的技术要求，包括尺寸公差、形状和位置公差、表面粗糙度和热处理要求等。

4. 对零件名称、材料、质量、图纸代号等的说明内容，以及说明制图、校对等人员的姓名和绘图日期的标准栏。

7.1.2　接触网零件的分类

接触网零件数量多、种类杂，即使同一种零件，其形式、材质、紧固方法也不同。接触网零件多达数十种，甚至上百种，很不容易根据具体形式和结构分出其类型，只有根据用途大体上分为悬吊零件、定位零件、连接零件、锚固零件、补偿零件、支撑零件、电气连接零件、抱箍零件以及接地零件等几大类。

1. 悬吊零件：悬吊线索及杆件的零件。都用于悬吊、悬挂及起夹持作用的零件，这些零件还包含各类紧固件及其他通用件。例如，钩头鞍子、杵座鞍子、承力索吊弦线夹、接触线吊弦线夹、悬吊滑轮、定位环线夹、吊环、横承力索线夹、耳环杆、中心锚结线夹、承力索中心锚结线夹。

2. 定位零件：固定接触线位置的零件。它把接触线和承力索固定在相对于轨面有一定高度、相对于线路中心有一定偏移或居中的位置上。例如，定位线夹、支持器、长支持器、定位器、软定位器、特型定位器、特型软定位器、线岔。

3. 连接零件：起连接作用的零件。连接零件的作用是把机械装置连接或接续在一起，起整体接触及关节性的作用。例如，连接器、定位环、长定位环、套管绞环、套管双耳、接触线及承力索接头线夹。

4. 锚固零件：接触网终端各线索锚固用的零件。承受拉力的元件，其强度应大于被固定的接触线或承力索的抗拉强度。例如，双耳楔形线夹、杵座楔形线夹、接触线终端锚固线夹、承力索终端锚固线夹、UT 耐张线夹。

5. 补偿零件:张力补偿调整用的零件。例如,补偿滑轮组、补偿棘轮、坠砣、双耳杆等。

6. 支撑零件:支撑装置用的零件。例如,压管、旋转腕臂底座、特型旋转腕臂底座、拉杆底座、特型拉杆底座、钢柱拉杆底座、腕臂、定位管、杵环杆、调节板、软横跨固定底座。

7. 电连接零件:由供电线向接触网供电的电连接零件或线索之间的电连接线夹零件。例如,电连接线夹(方形、长方形)、接触线电连接线夹(斜型、垂直型)。

8. 抱箍零件:用于腕臂上方实施固定悬挂零件的连接件或接续件的零件。例如,钢套管铰环、铜套管铰环、铜套管双耳。

9. 接地零件:固定接地连线、接地线或接地电缆的零件。例如,接地线连接线夹、接地线夹。

7.1.3 接触网零件主要材质

接触网零件中常用的金属材料有铸铜,马钢铸铁,灰口铸铁,铸铝合金,普通碳素钢和不锈钢等。

1. 铸铜

铸铜是一种铸造用的黄铜,通常是指铜和锌为主的二元合金。此处铸铜指的是特殊黄铜(在普通黄铜中加入铝、锰等元素的铜合金),它的特点是强度高,耐腐蚀,具有良好的热压力加工性和铸造性。铸铜件的缺点是焊接性差,在接触网设备中用于重载和耐腐蚀零件。它的表示方法是牌号后面用"H"表示,其后跟元素的化学符号,再跟数字,依次表示铜含量和加入元素的含量。

2. 马钢铸铁

马钢铸铁俗称马铁,它是由铸造的白口铸铁经过高温长时间的退火,使渗碳体分解而获得的团絮状石墨的铸铁。马钢铸铁的强度比灰口铸铁高,塑性和韧性也不错,适用于薄壁零件。牌号由三个字母及两组数字组成。马钢铸铁在接触网中主要用于制造尺寸不大,对强度和韧性均有较高要求的零件。

3. 灰口铸铁

灰口铸铁因断口呈暗灰色而得名,它主要含有碳、硅、锰、磷、硫五大元素。它的优点是铸造性优良,减振性和切削加工性良好,耐磨性较好,缺口敏感性也比较小。它的符号由"HT"及数字组成。灰铸铁件在接触网中主要用于受压的零件。

4. 铸铝合金

铸铝合金大多属于 Al-Cu-Mg-Si 系,指具有高铸造性能的各种铝合金。根据其化学成分的不同分为铝硅合金、铝铜合金、铝镁合金和铝锌合金。它的特点是锻造性和耐热性好、强度高，表示方法是用“ZL”加三位数字。铸铝合金在接触网中比铸铁件和钢件类用得少一些。

5. 普通碳素钢

普通碳素钢是指钢中硫、磷含量较高的钢，它分为甲类钢、乙类钢、特类钢三种，主要用于受力不大的零件。在接触网中许多零件都用 A_3 型钢制成，如螺栓、螺母、腕臂、拉杆等。另外，为了提高供电的可靠性和减少维修及更换零件的次数，耐腐蚀的不锈钢零件也开始应用于接触网。

7.1.4　主要材料牌号

1. 钢件牌号为 Q235A。
2. 灰铸铁件牌号为 HT-150。
3. 铸钢件牌号 ZG270-500。
4. 铸铝青铜牌号为 ZCuAl10Fe3。
5. 铜牌号为 T2，铜合金牌号为 QAl9-4。
6. 铸造铝合金件牌号为 ZAlSi9Mg。
7. 锻铝的牌号为 2A50-T6；硬铝管强度不应低于 2A12-T4，伸长率均不宜低于 10%。
8. 不锈钢件宜采用奥氏体不锈钢。
9. 零件也可采用综合性能优于上述材料的其他材质。

7.1.5　接触网零件基本要求

接触网是一个庞大的空间机械系统，它用零件实现有序的连接和接续，把接触线、承力索、支持装置、绝缘元件、电气设备以及支柱等连接成一个能传递电能并且有支持功能，同时具备相应强度的机械性质的整体系统。这个系统应能经受自然界多种气象条件的侵袭，保证良好地向地铁列车传送电能。

接触网的零件是接触网系统的关节及纽带，任何接触网零件的损坏即意味着供电系统的破坏，使整体运行及供电系统陷入瘫痪。在一定意义上说，接触网零件是整体系统的一个重要环节，既不能缺少，也不能被破坏。

接触网线索承受较大张力，不仅需要较高的机械性能，而且其电气性能、温度性能、防腐性能、抗振性能都需要较高要求，接触网零件的材质应具备强度高、韧性好、耐腐蚀的特点；其性能应具有质量轻、结构简单、耐振性好、可靠性高、装卸方便的特点；其经济角度而言应取材广泛、造价低廉、制造程序简易。

当前，接触网零件发展的方向是采用优质材料，实现挤压成型模式，并要求零件结构新颖、质量轻、防腐性能好。为满足要求，材质上应根据不同使用条件选用铜材、铝材、不锈钢、合成材料等，加工工艺采用精密模锻、精密冷冲成型、精密铸造成型、数控自动化加工成型等。表面处理采用抛丸、表面氧化等电化学处理方法，有效地提高了安全性和可靠性，以达到少维修或无维修的目的。对接触网零件的基本要求一般有两个：寿命与失效的要求和零件防腐要求。

1. 寿命与失效的要求

(1)强度

接触网零件在工作中发生断裂或不允许的残余变形统属于强度不足。因此，具有足够的强度是设计零件时必须满足的最基本要求。为了提高机械零件的强度，在设计时原则上应采用以下措施：

①采用强度高的材料，使零件具有应有的可靠性。

②使零件具有足够的截面尺寸，以保持稳定的工作。

③合理设计零件的截面形状，以增大截面的惯性矩。

④采用热处理和化学热处理方法，提高运动零件的制造精度，以提高材料的机械强度特性。

(2)刚度

零件在工作时所产生的弹性变形不超过允许的限度，就称为满足了刚度要求。零件的刚度分为整体变形刚度和表面接触刚度两种。前者是指零件整体在荷载作用下发生的伸长、缩短、挠曲、扭转等弹性变形的程度；后者是指因两零件接触表面上的微观凸峰，在外荷载作用下发生变形所导致的两零件相对位置变化的程度。为了提高零件的整体刚度，可增大零件截面尺寸或增大截面的惯性矩；为了提高接触刚度，可增大贴合面以降低压力，或采用精加工以降低表面不平度等。

(3)寿命

零件在工作初期虽然能够满足各种要求，但在工作一定时间后，却可能由于某种(或某些)原因而失效。这种零件正常工作延续的时间就称为零件的寿命。

影响零件寿命的主要因素：材料的疲劳、材料的腐蚀以及相对运动零件接触表面的磨损。

大部分接触网零件均在变应力条件下工作，因而疲劳破坏是引起零件失效的主要原因。在对零件进行精确的强度计算时，都要考虑到零件材料的疲劳问题。影响零件材料疲劳强度的主要因素包括应力集中程度、零件尺寸大小、零件表面品质及环境状况。在设计零件时，应从这几个方面采取措施，以提高零件抵抗疲劳的能力。

①结构工艺性要求

零件具有良好的结构工艺性，是指零件既能够方便地生产，又具有工作的适应性及适配性，并便于装配和拆卸。

②质量要求

对绝大多数接触网零件来说，都应当力求减小其质量，这可以相应地减小其惯性荷载，能够有效地改善接触悬挂的动态性能。为了达到零件质量小的目的，应尽量采用轻型薄壁的冲压件或焊接件来代替铸、锻零件，以及采用强重比（即强度与单位体积材料所受的重力之比）高的材料等。在注意经济性的同时，更应考虑技术先进性，应注意采用强度高、耐磨性能好、耐腐蚀性能强的不锈钢铜合金（铝、镉、镁、镍、稀土等）材料，以增强适应性和整体综合效益。

③可靠性要求

所谓零件可靠度，即接触网零件在规定的使用时间（寿命）内和预定的环境条件下，零件能够正常地完成其功能的概率。对于绝大多数的接触网零件来说，失效的发生都是随机性的。造成失效具有随机性的原因，是由于那些衡量零件工作条件的数量指标是随机的。例如，零件所受的荷载、环境温度等不可能是永恒的，而是随机变化的；零件本身的物理及机械性能也是随机变化的。因此，为了提高零件的可靠性，就应当在工作条件和零件性能两个方面使其随机变化尽可能小。

2. 零件的防腐

(1)零件埋入部分应进行防腐处理，宜镀锌后涂两遍防腐漆或沥青漆。镀锌标准见表 7.1。

表 7.1　镀锌标准

级　别	镀层质量/(g·m^{-2})	厚度/μm	镀层均匀性(硫酸铜浸入次数)
1	≥350	≥50	≥4
2	≥500	≥70	≥5
3	≥550	≥80	≥6

(2)铝及铝合金零件表面应进行氧化处理。

7.1.6　紧固件

1. 关键部位零件的螺栓、螺母、垫圈一般在 M14 及以下采用奥氏体不锈钢材质，其螺栓及螺母机械性能应符合 A2-70 级及以上规定，螺纹公差应满足 6H/6g 的要求。M16 及以上的紧固件一般可采用碳素结构钢制造。

2. Q235A 钢材质的机械性能应不低于 4.6 级，螺母应不低于 5 级。Q235A 钢螺栓及不锈钢螺栓的紧固力矩见表 7.2。

表 7.2 Q235A 钢螺栓及不锈钢螺栓的紧固力矩

公称直径	Q235A 钢紧固力矩 (4.6 级)/(N·m)	允许紧固力矩 误差范围/(N·m)	不锈钢螺栓紧固力矩 (A2-70 级)/(N·m)	允许紧固力矩 误差范围/(N·m)
M8	7	7～9	13	13～16
M10	13	13～16	25	25～32
M12	25	25～30	44	44～56
M14	40	40～50	70	70～80
M16	60	60～70	—	—
M18	80	80～90	—	—
M20	120	120～135	—	—
M22	160	160～180	—	—
M24	200	200～220	—	—

7.1.7 绝缘

1. 绝缘距离

绝缘要求是根据接触网系统中产生的电压大小来选择电气设备的电气强度。必需的电气强度标准是设计标准,它取决于标称电压和所采用的设备。过电压等级确定了如何配置设备。绝缘要求的正确选择将保证设备能够耐受必需的电压。耐受电压的特性是通过施加一定电压和在限定概率下绝缘部件将要耐受的典型过电压幅度来表现的。

由于电负荷和电解污染同时存在,在绝缘材料表面产生导电路径,形成爬电通路。

柔性架空接触网设备和车辆应满足的最小净空尺寸见表 7.3。

表 7.3 柔性架空接触网带电绝缘距离(单位:mm)

接触网设备和车辆		电压等级/V			
		750		1 500	
		正常	困难	正常	困难
带电金属体到车辆动态包络线		25	25	115	100
带电金属体到“地”的静态值	混凝土	25	25	150	150
	金属	25	25	150	150
带电金属体到“地”的动态值	混凝土	25	25	100	80
	金属	25	25	100	80

续上表

接触网设备和车辆		电压等级/V			
		750		1 500	
		正常	困难	正常	困难
受电弓动态包络线到土建结构	接地体及其连接件	25	25	150	100
受电弓动态包络线到公共带电金属体(包括定位器的固定端)	轨道横截面的垂直方向	25	25	50	50
	轨道横截面的水平方向	25	25	150	100
受电弓动态包络线到定位器和任何直接与接触线相连的连接件	轨道横截面的垂直方向	15	15	15	15
	轨道横截面的水平方向	25	25	150	100

注:表中“静态值”是指柔性架空接触网不受受电弓抬升力作用,或者长期承受受电弓抬升力作用情况下的净空尺寸;“动态值”是指柔性架空接触网承受行驶列车的受电弓抬升力作用时的净空尺寸。

2. 接触网污秽区的划分

IEC 60815 绝缘设计的污染等级和特定最小爬距见表 7.4。

表 7.4 IEC 60815 绝缘设计的污染等级和特定最小爬距(系统电压为相对地电压)

污染等级	特定最小爬距(AC)/(mm·kV^{-1})	特定最小爬距(DC)/(mm·kV^{-1})	典型环境举例
轻度 1	28	32	1. 无工业和安装加热设备住宅密度较低的地区; 2. 工业低密度或承受风雨侵袭房屋密度较低地区; 3. 农业区; 4. 山区。 所有这些地区应离海至少 10～20 km,并不受海风直接侵袭
中度 2	35	40	不产生高度污染烟尘的工业和/或带加热设备住宅密度一般的地区
重度 3	43	50	1. 重工业密集和高密度加热系统导致污染的大城市的市郊地区; 2. 频繁承受风雨侵袭的高密度住宅和/或工业区; 3. 离海较近或裸露于较强海风的地区
极重度 4	54	62	1. 虽离海岸不太近(至少 10～20 km)但裸露于海风的地区; 2. 一般中等程度承受导电灰尘和产生极浓导电沉淀物烟尘的地区; 3. 非常接近海岸并暴露在海水飞溅或强烈海风污染地区; 4. 长期无雨并遭受沙盐污染风和有规律的冷凝侵袭的沙漠地区

3. 绝缘子作用和载荷

绝缘子的作用是把接触网和电力牵引电源线的通电部件相互分隔并与地分隔开。绝缘子承受带电系统产生的机械载荷,因此,应同时满足电气与机械要求。

绝缘子在悬挂和终端位置处仅承受张拉应力的同时,还要在腕臂上承受压缩和弯曲荷载。支柱上的柱形绝缘子也承受水平力产生的弯曲应力。在进行绝缘子选择和设计时,应考虑这些应力和当地的环境。

4. 绝缘子绝缘材料

陶瓷、玻璃、铸模树脂和带或不带聚合涂料的玻璃纤维增强塑料均可用作接触网绝缘子的绝缘材料。

陶瓷绝缘子主要由陶土、长石和铝组成。陶瓷的质量很大程度上取决于均匀性和最佳恒定的矿物成分及其加工工艺,尤其是焙烧的过程控制。

陶瓷用于长棒式绝缘子、柱形绝缘子和悬式绝缘子,对于悬式绝缘子,预应力玻璃也可以用作绝缘子。采用碱性硅玻璃,成形后使其逐渐冷却,这样就消除了不希望的内部应力。

还有采用由环化脂环氧树脂和聚氨酯铸模树脂、聚四氟乙烯及其硅橡胶制作的各种结构的塑胶绝缘子。用于室外的塑胶应能耐紫外线,并在任何气候条件下保持稳定性。

与玻璃和陶瓷相比,塑胶柔性更高,而且尺寸稳定性高和紧固件铸塑的水平高,但是其泄漏电阻较低,使之优点被抵消了。

用铸模树脂制成的玻璃纤维加强芯复合绝缘子和由各种材料(如聚四氟乙烯及其硅橡胶)制作的绝缘子裙边适应高电压和高机械荷载。

陶瓷和玻璃绝缘子均是易碎材料,不耐冲击,而复合绝缘子抗破坏性好、质量轻且易于运输和安装。

机械额定参数必须允许由极限载荷下引起的最大力,该参数以标称强度为基础。

绝缘子的最小抗拉强度不能小于使用导线的特定抗拉强度的 95%,最大工作抗拉荷载不应超过绝缘子最小抗拉荷载的 40%。最大工作弯曲荷载可用系统设计所规定的任何偏差标准补充地进行限定。

绝缘子主要技术性能参数见表 7.5。

表 7.5 绝缘子主要技术性能参数

绝缘子结构设计	应　　用	电气参数	机械参数
耳环和螺纹管帽式绝缘子	平腕臂	爬电距离 130 mm; 额定电压 1.5 kV	破坏荷载 40 kN

续上表

绝缘子结构设计	应　用	电气参数	机械参数
耳环和管帽线夹式绝缘子	腕臂管	爬电距离 130 mm；额定电压 1.5 kV	破坏荷载 70 kN
环形绝缘子	接触网/导线	爬电距离 130 mm；额定电压 1.0 kV	破坏荷载 70 kN
		爬电距离 90 mm；额定电压 1.0 kV	特定机械荷载 30 kN
绝缘子本体	柱形绝缘子	爬电距离 240 mm；额定电压 3.0 kV	破坏荷载 50 kN
GRP 棒	腕臂	爬电距离 570 mm；额定电压 1.5 kV	管径 26 mm、38 mm、55 mm
GRP 管	腕臂	爬电距离 570 mm；额定电压 1.5 kV	管径 10 mm、26 mm、38 mm、55 mm

注：GRP 为玻璃纤维增强塑料（玻璃钢）。

对于陶瓷材质的长棒式绝缘子，绝缘子本体是由上釉（釉面）陶瓷材料制成，并在其两端装有铸造连接件。金属帽和绝缘子本体封灌有铅锑合金、硅酸盐或亚硫酸盐水泥。铅合金虽富有弹性，但对热敏感；硅酸盐水泥密封层坚硬且耐热；亚硫酸盐水泥虽富有弹性，但不耐热。长棒式绝缘子本身适用于大气污染严重的地区。

悬式绝缘子由陶瓷或玻璃制成，各个绝缘帽盖配有一个杵头和一个帽盖。各种形状的绝缘子适用于特定用途和所要求的爬电距离。悬式绝缘子的年度故障率为 1×10^{-5}，比长棒式绝缘子高出约 10 倍。故障中从未出现过绝缘子串断裂的情况，因为碗头帽盖和杵头维持着受损绝缘子的机械强度。悬式绝缘子被污染时，性能要比长棒式绝缘子差，因此它的爬电距离要比长棒式绝缘子长出约 10%。在标准中，悬式绝缘子已标准化，对其的检测是按标准进行的。

绝缘子是接触悬挂的主要部件之一，用于电气绝缘以隔离带电体和非带电体，使接触悬挂对地保持电气绝缘。绝缘子在接触悬挂当中，不仅起着电气绝缘的作用，而且还承受着一定的机械负荷。因此，要求绝缘子不但要有一定的电气绝缘性能，而且还要有一定的机械强度。

5. 绝缘子性能

(1)电气性能

绝缘子电气性能用干闪电压、湿闪电压、击穿电压表示。

①干闪电压

绝缘子表面干燥状态时，施加电压使其表面达到闪络时的最低电压。

②湿闪电压

雨水在降落方向与绝缘子表面成 45°角淋在其表面时,使其闪络的最低电压。

绝缘子发生闪络时,实际上是沿绝缘子表面放电的发展,导致了绝缘子表面空气击穿,而绝缘子本身没有击穿,绝缘子没有受损害,气体绝缘击穿后都能自行恢复绝缘性能。所以,闪络消失后,绝缘子的绝缘性能即可恢复,可以继续使用。但发生闪络后,其绝缘性能有所下降,易再次发生闪络。

③击穿电压

瓷体被击穿损害而失去绝缘作用的最低电压,击穿后不能继续使用,应更换。击穿电压至少应比干闪电压高 1.5 倍。

绝缘子发生击穿时,绝缘遭到急剧破坏,丧失了绝缘性能,不能再使用。

绝缘子电气性能随着时间增长,其绝缘强度会逐渐下降,这种现象称为老化。

(2)机械性能

绝缘子除起电气性能外,还承受一定的机械负荷。因此,要求绝缘子有一定的安全系数,一般绝缘子安全系数规定为 2.5～3。

6. 绝缘子使用注意事项

(1)连接部件不允许机械加工或进行热处理。

(2)绝缘子瓷体及连接部件连接间的水泥浇筑有辐射状态裂纹时不能使用。

(3)瓷体表面破损面积超过 300 mm^2 时,不准使用。

(4)绝缘子在使用中,应进行定期检查清扫。

7.2 接触网零件的设计准则及标准化

7.2.1 接触网零件的设计准则

接触网零件的质量与性能取决于构思与设计,为了保证接触网零件具有良好的工作性能,在设计时应遵循相应的技术标准。

在设计时对零件进行计算所依据的准则,无疑是与零件的失效形式紧密地联系在一起的,概括地讲,大体有以下准则:

1. 强度准则

强度准则就是指零件中的应力不得超过允许的限度。例如,对一次断裂来讲,应力不超过材料的强度极限;对疲劳破坏来讲,应力不超过零件的疲劳极限;对残余变形来讲,应力不超过材料的屈服极限。这就称为满足了强度要求,或符合了强度计算准则。

2. 刚度准则

零件在载荷作用下产生的弹性变形量,应小于或等于工作性能所允许的极限值，这称为满足了刚度要求，或符合了刚度计算准则。

3. 耐磨性准则

相对运动零件的接触表面之间的磨损是不可避免的，在正常情况下，一个零件的磨损过程为三个阶段：磨合磨损阶段、稳定磨损阶段和剧烈磨损阶段，设计时应估计稳定磨损阶段的工作时限。

从磨损的机理上看，可以分为磨粒磨损、黏着磨损、疲劳磨损、腐蚀磨损和电气磨损。减少磨损的主要措施是选取耐磨性能较好的材料，增加摩擦面的润滑及限制摩擦间的压强。

4. 振动稳定性准则

在许多零件或设备中存在着很多周期性的激振源。如果某一零件本身的固有频率与上述激振源的频率重合或为整倍数关系时，这些零件就会发生共振，导致零件被破坏或设备工作条件失常等。所谓振动稳定性，就是在设计时要使受激振作用的各零件的固有频率与激振源的频率错开。

另外，把激振源与零件隔离，使激振的周期性改变的能量不传递到零件上去，或者采用阻尼以减少激振振动零件的振幅，都会改善零件的振动稳定性。

5. 寿命准则

影响寿命的主要因素为腐蚀、磨损和疲劳，是三个不同范畴的问题。

6. 可靠性准则

(1)早期失效阶段：失效率由开始时很高的数值急剧下降到某一稳定的数值。引起这一阶段失效率特别高的原因是零件存在初始缺陷，如零件上未被发现的加工裂纹、安装不正确、接触表面未经磨合等。

(2)正常使用阶段：此阶段内如果发生失效，一般总是偶然的原因引起的，故其发生是随机性的，失效率则表现为一常数。

(3)损坏阶段：由于长时间的使用而使零件发生磨损、疲劳裂纹扩展等原因，使失效率急剧地增加。良好的维护和及时更换快要发生破坏的零件，就可以延缓进入这一阶段的时间。

失效率曲线是很有实用价值的代表性曲线，它虽是从某一种零件损坏概率提出来的，但接触网的整体运行从磨合到稳定，再到老化也是符合这个规律的。在工作中，失效率常用的单位为 $1/(10^6\ h)$。

7.2.2　接触网零件的检验

接触网零件发生断裂、破坏、过量磨损及严重变形，无法继续使用，统称失效。接触网零件的检验，是根据接触网零件的使用要求，检验被检零件是否符合其技术性能、所具有的安全系数以及零件的失效期及失效形式。

1. 整体断裂

零件在受拉、压、弯、剪、扭等外荷载作用时，由于某一危险截面上的应力超过零件的强度极限而发生的断裂，或者零件在受变应力作用时，危险截面上发生的疲劳断裂均属此类。例如，螺栓的断裂、抱箍件的折断等。

2. 过大的残余变形

如果作用于零件上的应力超过了材料的屈服极限，则零件将产生残余变形，这种过大的残余变形将造成整个零件失效。

3. 零件的表面破坏

零件的表面破坏主要由腐蚀、磨损和接触疲劳造成。腐蚀是发生在金属表面的一种电化学或化学侵蚀现象。腐蚀的结果是使金属表面产生锈蚀，从而使零件表面遭到破坏。与此同时，对于承受变应力的零件，还会产生腐蚀疲劳的现象。

腐蚀、磨损和接触疲劳都是随工作时间的延续而逐渐发生的失效形式。处于潮湿空气中或与水、气及其他腐蚀性介质相接触的金属零件，均有可能发生腐蚀现象；所有做相对运动的零件的接触表面都有可能发生磨损；而在接触变应力条件下工作的零件表面也有可能发生接触疲劳。

第8章 接触网检测技术

8.1 接触网检测概述

接触网检测技术是一种应用微型计算机及其他先进检测、试验设备，对接触网进行监控的最新技术。其任务是保证接触网更安全可靠地供电，向维修人员提供接触网状态信息，试验、研究接触网受流情况，为改善接触悬挂结构提供必要的技术参数。

接触网检测试验设备安装在专用的检测车中，通过车顶受电弓上的特殊传感器及其他监视装置，将所测得的信号输入车内的微机系统进行数据处理，最后在输出设备上将接触网状态参量打印出来。通过对打印结果分析，便可知道接触网工作状态。当技术参数超过允许值时，则应立刻通知维修部门对接触网进行检修，同时车内监视装置还能对接触网受流状态进行综合评价，如离线率、接触网弹性、弓线间接触压力等。因此，接触网检测车是目前轨道交通运行线路上必不可少的检测设备。

8.2 接触网检测项目

接触网的检测包括定位信息检测、接触线拉出值检测、接触线高度检测、悬挂硬点冲击加速度检测、弓网接触压力检测、定位器坡度检测、接触线磨耗检测、线岔非支抬高检测、接触网电压检测、离线检测、环境温度检测。

8.2.1 定位信息检测

接触网是沿线路架设的，接触网检测的结果无论是正常状态还是非正常状态，都要给出当前的坐标位置，这样才能给出正确的检修指导和分析弓网关系。如果定位信号检测不准或误差太大，即使其他参数检测结果很准确，这个检测结果也没有实际意义。

接触网的定位信息一般有两种形式：其一是公里标信息，在线路上每 1 km 或者每 100 km 都有一个公里标，知道了每一个检测点的公里标信息，就可以将检测结果和实际线路位置对应起来；其二是定位号码信息，接触网支柱和隧道定位都是有编号的。因此，只要检测出每一个定位信息，结合距离信息，也可以把检测结果和实际线路位置对应起来。

8.2.2 接触线拉出值检测

如果接触线拉出值设置得太小，则达不到均匀滑板磨耗、延长受电弓寿命的目的；如果拉出值设置得太大，在某些情况下接触网容易因为超出受电弓的有效工作范围而造成弓网事故。为了避免这些情况的发生，要经常检测拉出值的大小及其变化。

8.2.3 接触线高度检测

接触线高度是指接触线到轨面的距离，对它的测量有两个方面：

1. 首先是在静止状态下，测量接触线保持的应有高度。接触线的高度应在规定的范围内。静止测量是为了给工程和维修单位提供参考数据。

2. 其次是在运行状态下，即在列车运行中测量受电弓沿接触线的运行轨迹，为研究接触悬挂的质量和受电弓的性能以及受流状态提供依据。

8.2.4 悬挂硬点冲击加速度检测

当接触网上有吊弦脱落，线夹偏斜，分段、分相等设备安装不当时，会造成接触线局部弹性变差。在列车高速运行情况下，这些部位都会出现不正常抬高，甚至打弓现象。形成这种现象的本征状态称为硬点。硬点是一种结构的本征欠缺，并且是相对的，列车速度越高表现越明显。硬点是一种有害的物理现象，它会加速接触线和受电弓滑板的异常磨耗和撞击性损害，同时破坏弓网间的正常接触和受流。此外，硬点常在这些部位造成火花或拉弧，影响弓网受流和弓网寿命，情况比较严重的硬点还会危及行车安全。

正常情况下受电弓在短时间内可以认为是匀速运动，受电弓加速度较小。当遭到硬点打击后，受电弓瞬间会受到一个很大的冲击力，并产生与受到冲击力大小成正比的加速度。可见硬点是造成受电弓加速度突变的主要因素，检测受电弓的加速度即可确定受电弓所受冲击的大小及对受电弓的影响程度。

8.2.5 弓网接触压力检测

受电弓和接触线在工作状态下是一个共生体，只有它们互相接触和作用时才能完成列车获取电能的目标。在受电弓和接触线的接触中，其压力过大时，会增加受电弓和接触线的磨损，缩短使用寿命；当压力过小时，会使弓网之间接触不良，使供电时断时续，甚至引起火花或电弧，烧伤接触线和受电弓滑板，进一步造成接触不良，以致发生弓网事故。在接触网运行过程中，要经常检测受电弓和接触线的接触压力，查找接触压力曲线的异常点，即压力曲线表现出来的异常情况，如出现过大的峰值或极限谷值，或不均匀程度特别明显，这些地方一定是隐患点或不良状态点。同时，接触线与受电弓之间的动态接触压力及其变化分布情况是弓网受流特性的评价标准之一。

8.2.6 定位器坡度检测

定位器是支持和确定接触线相对于线路中心线横向位置的装置。接触线拉出值就是靠定位器的支持来实现的。为了避免受电弓通过定位器的时候因抬起接触线造成受电弓滑板撞击定位器，定位器安装后应有倾斜度，即定位器根部在安装后要适当抬高些，其倾斜度要求为1/10～1/6。在长时间的运行过程中，定位器的倾斜角度很有可能会由于零件的松动等原因发生变化，为了避免发生故障，应当经常检测定位器坡度是否超限。

8.2.7 接触线磨耗检测

接触线磨耗是指接触线由于长期与受电弓滑动接触取流，从而产生的接触线磨耗程度。磨耗主要因离线火花烧损和机械磨耗产生，当磨耗超过一定的限度时，接触线难以维持张力，将会导致短线的恶性事故的发生。因此很有必要对接触线磨耗状况进行检测，杜绝隐患。

8.2.8 线岔非支抬高检测

受电弓由一股道向岔尖方向通过线岔时，必须先接触另一组接触悬挂。当刚接触另一组接触悬挂时，往往会因为两组悬挂交角太小或其他原因，在一组悬挂被抬高后，另一组悬挂不能相应抬高，从而造成钻弓。所以必须经常检测线岔处受电弓对另一组接触线的始触状态，即在始触点处两组接触线是否等高。

8.2.9 接触网电压检测

列车牵引运行，对接触网电压有一定的要求。在供电臂末端，如果接触网电压过低，就会影响列车正常运行。我国规定，接触网电压不得低于19 kV。

8.2.10 离线检测

离线是列车在运行中受电弓与接触线的机械脱开。受电弓和接触悬挂都是具有一定弹性的设备，受电弓随着列车的高速运行而在接触线上高速运行，由于接触悬挂弹性沿跨距周期波动的特性、接触线上的硬点、受电弓自身的质量、风力等因素的影响，受电弓在沿接触线滑动过程中产生垂直方向的加速度，从而引起接触悬挂的振动，使受电弓与接触网的良好接触状态受到破坏，造成弓网脱离。

8.2.11 环境温度检测

由于物体的热胀冷缩特性，当环境温度发生变化时，接触网的线索就会由一种状态变成另一种状态，从而造成接触线的拉出值、高度等参数也相应发生变化。因此，在给出检测结果的同时，也应给出检测过程中的环境温度，检测结果才更有意义。

8.3 城市轨道供电安全检测监测系统(6C 系统)

城市轨道供电安全检测监测系统(6C 系统)的主要功能是对牵引供电系统进行全方位、全覆盖式的综合检测监测，主要包括对接触网悬挂参数和弓网运行参数的高速检测(1C)，对接触网悬挂、腕臂结构、附属线索和零件的周期性高清图像检测(2C 和 4C)，对接触网参数的实时高速检测(3C)，对客运列车受电弓滑板状态及接触网特殊断面和地点的实时监测(5C)，对接触网运行参数和供电设备参数的实时在线检测(6C)，如图 8.1 所示。

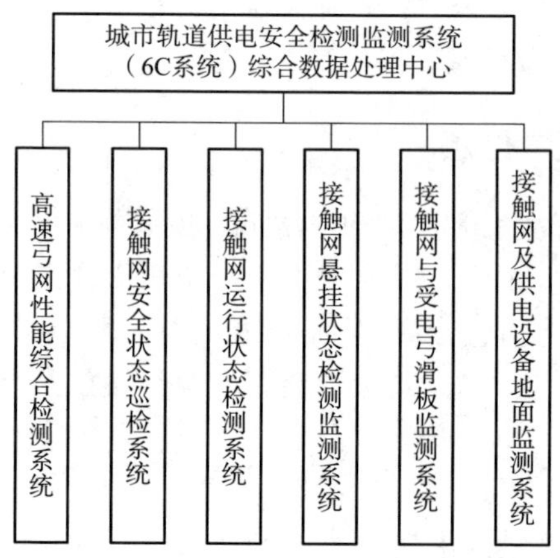

图 8.1 城市轨道供电安全检测监测系统

8.3.1 高速弓网性能综合检测系统

该系统是安装在高速综合检测列车上的固定检测设备。其测量方法和检测设备安装充分考虑综合检测列车的运行条件，同时又要适应接触网检修和受电弓检修的需要。

高速综合检测列车为高速铁路检测的专用动车组，车顶设备及车内平面布置均为特殊设计。弓网检测设备要根据综合检测车对设备的安装和布置要求对各种参数的测量技术进行专门的研究和设计。其检测目的主要是对接触网悬挂参数和弓网受流参数进行高速车载检测。检测参数包括弓网接触力、接触网网压、接触线高度、接触线动态拉出值、硬点、弓网离线火花、支柱定位、里程标定位、检测速度和里程等。检测系统配备完善的电源系统、测量信号传输系统、弓网运行视频系统、数据采集系统、检测数据传输系统、检测信息数据库等。

8.3.2　接触网安全状态巡检系统

1. 列车配备接触网安全巡检系统能有效判断接触网设备有无脱、断等异常情况，有无能危及接触网供电的周边环境因素（如塌方、落石、山洪水害、爆破作业及鸟窝等），有无侵入限界、妨碍列车运行的障碍。

2. 系统能够准确定位沿线经过的支柱、隧道内吊柱，通过车载成像设备准确抓拍关键的定位器区域，保存清晰图片。

3. 定位器区域高清成像，能够分辨定位器变形、定位线夹松动、紧固螺钉脱落等故障现象。

8.3.3　接触网运行状态检测系统

1. 系统能测量接触网动态几何参数，如动态拉出值、接触线高度、线岔和锚段关节处接触线的相互位置。

2. 系统能定量测量接触网的主要弓网受流参数，包括弓网离线、硬点、弓网接触力、支柱定位等。

3. 系统能对弓网运行状态进行视频录像，录像资料中能叠加里程标数据。

4. 检测系统应用简单，无须人为干预，系统自动完成参数检测和数据发送。检测数据也可以在车上转存。

5. 系统在全天候（昼、夜、风、雨、雪、雾）的条件下能够正常工作。

8.3.4　接触网悬挂状态检测监测系统

接触网悬挂状态检测监测系统主要功能包括监测接触线几何参数以及接触网接触悬挂、绝缘部件、线路开关、附加导线、各种拉线、硬横跨及软横跨、上跨桥及交叉跨越线路、线夹、吊弦、定位管等技术状态。基本功能如下：

1. 精准定位接触网腕臂安装支柱（或吊柱）位置。

2. 准确拍摄腕臂组成的清晰图像。

3. 连续采集相邻支柱（或吊柱）间接触线及悬挂的清晰图像。

4. 对接触网悬挂部件典型缺陷自动识别。

5. 准确记录发现的接触网缺陷并提供分类汇总报告。

6. 对同套腕臂历史存档图像进行自动比对分析。

8.3.5 接触网与受电弓滑板监测系统

接触网与受电弓滑板监测系统用于接触网特殊断面和区段的视频监视，如车站咽喉区、重点隧道口、线岔和分段环节。各断面的高清视频图像通过专用数据通道传至供电运行管理部门。

在城市轨道交通的车站安装视频监视系统，监测运营的动车组或电力机车受电弓状态，特别是受电弓滑板的状态。

对于城市轨道交通的车站咽喉区、重点隧道口、车站接触网线岔、分段环节等重点部位，加装视频监视装置，监测接触网的技术状态。监视图像可传至供电运行管理部门。

在各个车站加装视频监视系统，监测列车受电弓特别是滑板的技术状态。视频监测图像可传至车站值班室、供电管理部门。

本装置主要是视频监视系统，包括高清摄像机、摄像云台、视频传输系统、视频显示系统、视频分析处理系统、视频储存系统。

8.3.6 接触网及供电设备地面监测系统

1. 对城市轨道交通特殊断面的接触网性能进行监测。监测参数应包括接触线和承力索的张力、接触线振动、接触线定位点抬升量、线索温度、补偿位移等。

2. 绝缘子、高压电缆头、高压瓷瓶绝缘、避雷器等供电设备状态。

3. 接触网及供电设备地面监测系统应能通过无线方式进行数据传输。

4. 地面测点的监测参数可以根据需求进行扩增。

第 9 章　接触网设计及验收

9.1　接触网设计

设计工作是城市轨道交通基本建设的一个重要环节。在接触网设计过程中，要严格遵守国家铁路局颁布的《铁路电力牵引供电设计规范》以及有关技术、管理方面的规程、规范。

9.1.1　设计阶段

城市轨道交通电气化工程项目一般按三个阶段进行设计，即初步设计、技术设计和施工设计。其中工程简单、有条件的可按两个阶段设计，即扩大初步设计和施工设计。

建设项目采用的设计阶段，在设计任务书中规定。

城市轨道交通电气化工程应包括配合电气化工程的技术改造（主要指线路和站场的改造）和电气化两部分，接触网设计属于电气化部分。

初步设计应根据批准的设计任务书编制，文件一次提交有关部门审查。技术设计应根据批准的初步设计，首先进行技术改造部分，接触网技术设计要与线路技术改造部分拉开距离，即线路设计和站场技术改造基本完成后再进行接触网设计。但涉及站场总图所需的电气化资料（如机务段、供电段、牵引变电所、接触网工区、车辆段等），应及时提供上述两部分文件分别报审。施工设计应根据批准的技术设计、扩大初步设计文件进行。要严格按基建程序办事，没有批准的设计任务书不得进行初步设计（或扩大初步设计），前一阶段的设计未经批准不得开展下一阶段的设计。两阶段的扩大初步设计和三阶段的技术设计工作，按规定经过批准后才能列入建设计划，进行施工设计。

9.1.2　初步设计

初步设计的编制内容，其深度要配合解决电气化工程技术改造方案、牵引供电方案、机车交路、主要技术标准、设计原则，提出主要工程数量、主要设备类型和材料数量、用地及拆移数量、施工组织方案意见及总概算。

1. 线路车站概况

(1)实行电气化线路的各车站平面图资料，并注明各站的电气化股道、股道间距、道岔型号及岔心坐标、曲线半径及长度、站内有关设备及靠近线路 5 m 以内的各种建筑物情况，车站中心横断面图。

(2)详细的纵断面图、线路平面图、超高表、标准横断面图、线路信号机位置等情况。

(3)电气化线路中的大、中桥梁总表和改建桥梁丈量图、线路全桥总布置图、桥台和墩帽图、跨线图、天桥图表等。

(4)线路中包括的隧道明细表、隧道纵断面图、衬砌断面图、隧道内预留锚段关节位置图等。

(5)电气化线路的土质情况，如土壤允许承压力、安息角、是填方还是挖方、地下水位的高度、地下水冻结深度、是否有侵蚀性等，并注明滑坡地段及一些地下设施的情况。

(6)调查跨越电气化线路的电力线和通信线等情况，属于路外的电力线应与电力部门签订拆迁协议。

2. 气象条件及污秽区划分

通过各有关单位和环保部门，了解收集该电气化区段的气象资料和环境污染情况，进行实地了解、调查，初步拟定计算气象条件后征求气象部门、科研机关的意见，经研究分析制定出接触网计算用气象条件。

(1)接触网架设范围。

(2)接触网悬挂类型。

(3)线材规格和张力。

(4)技术数据：

①导线高度及允许车辆装载高度；

②结构高度；

③跨距长度；

④锚段长度；

⑤侧面限界；

⑥绝缘距离。

(5)支持装置及支柱、绝缘子的采用。

(6)供电分段的原则。

(7)防护措施：

①接地方式；

②防雷保护；

③支柱防护。

(8)行政区划分及定员：

①工区位置、定员及管辖范围；

②交通工具。

(9)存在的问题。

(10)概算资料。

概算资料包括材料价格、工资标准、机械台班费、拆迁费、购地费、青苗赔偿费等经济概算资料。

最后在初步设计文件附件中，应有主要工程概算表和工区位置及管辖范围示意图。

9.1.3　技术设计

接触网技术设计主要解决各项设计方案和技术问题，提出工程数量、劳动力数量、用地范围及数量、拆迁数量、主要设备及材料数量、施工组织设计及修正总概算等。接触网技术设计内容包括：

1. 初步设计审批意见执行情况。

2. 主要设备选型。

3. 特殊设计的技术原则。

4. 存在的问题：

(1)主要设备表。

(2)主要材料表。

(3)主要工程数量表。

(4)图纸目录。

5. 附图：

(1)供电分段示意图。

(2)站场接触网支柱布置图。

(3)复杂或较长独立的供电线、回流线、捷接线支柱布置图。

(4)隧道内悬挂示意图。

(5)典型支柱安装示意图。

9.1.4　接触网施工图

在接触网设计中，设计单位应提供各项施工需要的图表和必要的设计说明，其具体内容包括：

1. 技术设计审批意见执行情况。

2. 必要的设计说明。

3. 施工注意事项。

4. 附件：

(1)工程数量表。

(2)设备表。

(3)主要材料表。

(4)采用的标准图，通用图目录。

(5)图纸目录。

应提供的图纸包括：

(1)站场接触网平面布置图。

(2)区间接触网平面布置图。

(3)隧道内悬挂平面布置图。

(4)供电线、回流线、捷接线、正馈线、保护线平面布置图。

(5)导线安装图。

(6)设备安装图。

(7)各类支柱安装图。

(8)隧道内悬挂安装图。

(9)桥梁等大型建筑物上支柱安装图。

(10)大型建筑防护网栅图。

(11)其他个别设计图。

(12)供电分段示意图。

(13)非标准零件及基础图。

在施工图中，应对主要设计原则和依据做必要的说明，各项设计文件、图纸应有统一的编号。

设计单位要对设计质量负责，并向施工单位进行技术交底，听取意见，在施工过程中，设计单位应派经验丰富的工程技术人员参加施工处理工作，协助施工单位解决设计与施工不符的地方，并做出相应的设计变更。最后还应参加接触网工程竣工后的验收、交接工作。

施工图作为竣工后运营管理单位进行验收和维修处理的重要依据。

9.2 接触网验收

9.2.1 竣工验收依据

1. 批准的设计文件：规程、规范和验收标准，上级领导机构下达的有关文件、决议、会议纪要以及作业单位与建设单位签订的协议等。

2. 作业设计文件:接触网平面布置图、接触网安装图。

3. 竣工验收交接程序:项目检查、现场初验、正式验收。

4. 项目检查内容:项目是否按批准的设计文件作业并符合质量标准,是否能保证行车和生产安全,相互配合的有关专业工作是否同步建成,是否具备送电开通条件。

5. 接触网现场初验检查的重点项目:电气化范围及接触网平面布置与设计文件是否一致,支柱侧面限界是否符合设计要求,导线接头质量是否符合标准,线岔位置及状态是否符合标准,电连接线等的连接是否正确可靠,导线高度是否符合设计要求,各空气绝缘间隙是否符合设计要求,各主要设备、器材的质量是否符合国标、部标,锚段关节、分段绝缘器的安装调试是否符合设计要求,隔离开关、避雷器等电气设备的试验报告及安装记录是否齐全,冷滑试验记录报告是否齐全。

9.2.2　正式验收

1. 交接程序

(1)项目检查。

(2)现场初验。

(3)正式验收:验收委员会收到各专业验交小组的初验报告后,组织对项目进行复验,解决初验中未解决的问题,决定送电开通方案及开通日期,决定全线电气化项目总验收交接日期。

2. 重点检查项目

(1)支柱侧面限界是否符合设计要求。

(2)导线接头数量和质量是否符合标准。

(3)线岔位置和状态是否符合标准。

(4)导线高度和拉出值是否符合设计标准。

(5)绝缘距离和间隙是否符合设计标准。

(6)主要设备材料的质量是否符合行业标准。

(7)设备的安装和调试是否符合设计要求。

(8)电气设备的试验报告是否齐全。

(9)自检报告和缺陷的整改是否完善。

3. 送电开通

送电前应对接触网进行全面质量大检查,并将绝缘子清扫干净,同时组织职工进行送电安全教育。

由于送电开通是对整个接触网工程设计和施工质量的一次真实检验,因此任何的疏忽都会使送电开通失败,造成恶劣的影响和无法挽回的损失。所以送电开通必须在严密的组织下实行统一领导,统一指挥,遵守各项安全规则,选择熟悉情况、具有一定技术水平的专业人员负责各项开通工作。施工单位和运营单位应互相配合,为保证送电开通和工程的顺利移交打下良好的基础。

4. 竣工文件

竣工文件是由作业单位编制,反映项目建设实际情况的一整套技术资料,是接管单位掌握项目实际情况、实施运营维护的主要依据。

竣工文件:设计文件及变更设计文件各一份,项目作业记录,主要器材的技术证书,接触网平面布置图,接触网供电分段示意图,接触网安装图,接触网主要项目数量统计表。

项目作业记录:钢柱基础隐蔽项目记录,支柱埋设隐蔽项目记录,接地装置埋设隐蔽项目记录,绝缘子、分段绝缘器、隔离开关试验记录,主要器材的技术证书(钢筋混凝土柱、钢柱,接触线、承力索、附加悬挂导线,绝缘子、分段绝缘器,隔离开关、避雷器)。

项目总结:项目竣工验收交接后对该项目进行全面系统的项目总结,认真积累作业资料,以便吸取作业中的经验教训,提高作业技术和企业管理水平。

接触网项目总结编制的主要内容:

(1)项目概况。

(2)作业经过。

(3)项目概算、预算总额和实际完成情况。

(4)主要项目竣工数量。

(5)劳动力运用情况。

(6)作业机械化情况。

(7)新技术、新工艺的采用和推广情况。

(8)作业中发生的主要问题以及解决措施。

(9)主要作业经验和教训。

(10)项目质量评价。

接触网作业包括所有经过质量认证的零件的装配工作以及最终验收程序。

试运行是验收的组成部分,它始于系统调试之后和接触网开始运营之时。

9.2.3 设备验收与公差

1. 架空接触网安装公差(表 9.1)

表 9.1 架空接触网安装公差

结构高度	±100 mm(跨中处不得小于最短吊弦长度)
“之”字值或拉出值	±30 mm

续上表

支柱点导高	±100 mm
相邻支柱点导高差	±20 mm
吊弦长度	±10 mm
支柱处吊弦线夹位置	±100 mm
跨内吊弦线夹位置	±250 mm
平行于线路平面的跨距	±500 mm
支柱处承力索高度	±250 mm
支柱处承力索对线路中心的横向摆动距离	±100 mm
支柱侧面限界：腕臂支柱、软横跨支柱	±100 mm
软横跨柱基础倾角正切值	≤0.03
无负荷支柱倾斜度	±0.25%
导线张力	±200 N
承力索张力	±200 N
弹性吊索张力	±100 N

预弛度出现于跨距内首、末安装吊线之间，该值与跨距长度有关，两者之间的关系见表 9.2。

表 9.2　跨距长度与预弛度关系

跨距长度/m	预弛度/mm	公差范围/mm
50	11	0～30
60	19	0～40
70	27	10～50
80	36	15～35

安装吊弦间支柱点导线高度应接近，以保证接触线与轨面平行。该处允许高差为±20 mm。

2. 验收项目

按设计图和有关规定检查所有项目；所有螺杆、销钉的长度是否合格；所有调整螺栓的最大调整量是否留够；检查螺杆、螺母、防松螺母、防松垫圈、销钉、开口定位销的紧固程度；铁制金具的镀锌、刷漆是否符合要求。

(1)基础和支柱

检查地锚杆及其与支柱底部的连接；检查支柱及其镀锌质量；检查编号牌、数据牌及各种附加的警告标志。

(2)腕臂、横向承力索、上下部固定绳和单拉手

测量腕臂及横向承力索、上、下部固定绳的结构高度;检查腕臂沿线路的移动;检查腕臂安装是否与图纸一致;所有测量均以运行轨顶为基准;检查所有吊弦线夹涂电力复合脂的情况。

(3)接触线和吊弦

检查接触线和吊弦有无损伤、打弯、扭曲、纠缠等;检查接触线轴线是否垂直;检查接触线在吊弦线夹内的位置及紧固情况;检查所有接触线接头是否处于正确位置并能保证受电弓下平滑通过;检查所有线索、套环内梨形垫圈、压接套及线索的状态;检查每根吊弦的垂直度。

(4)承力索

检查线索有无松股、断裂及其他损伤;检查承力索线夹和吊弦线夹的紧固情况;检查所有铜铝复合保护衬套的放置是否正确;检查所有承力索接头的安装情况,检查压槽的数量及深度。

(5)电连接线、上网线、接线端子

检查各种电连接的线材绝缘外包及线夹;检查电连接及上网线安装后,在导线沿线路方向移动时防止对导线高度和线夹的正常受力造成影响;按照正常行车方向检查电连接的朝向(电连接线的曲线凹口朝向应与行车方向一致);检查上网线、电连接线的型号是否与图纸要求一致;检查接线端子完整性和弯曲度。

(6)绝缘子

绝缘子清洁,无裂缝、破损、缺陷、凹槽、斑点、条纹。

(7)锚段关节及线岔

检查导线工作支和非工作支的平行度,水平、垂直距离;测量在正常抬升情况下的平行段长度;检查干线与渡线间线岔,并保证线岔内限制管设置合适,性能良好;检查所有电连接线、上网线及分段绝缘器。

(8)下锚及坠砣

检查所有部件状态包括坠砣的数量及状态,棘轮、补偿绳及所有相关金具;根据张力段的长度和温度,测量坠砣串的位置;检查补偿绳在所有棘轮内的活动情况及缠绕股数以保证坠砣串升降无卡滞;检查接触线和承力索的布置,确认导线张力状态合适;检查滑轮棘齿与制动顶块间间隙;检查上升和下降时的制动情况。

(9)弹簧张力补偿器

检查弹簧张力补偿器功能是否正常;检查张力补偿器长度是否与温度及张力段长度匹配,记录每一弹簧张力补偿的安装长度。

(10)硬锚

检查支柱处下锚高度;检查下锚绝缘子串间距离,以避免绝缘相互碰撞。硬锚接触线依温度和张力段长度测导线张力。

(11)中心锚结

检查支柱处下锚高度;测量所有绝缘子位置,保证其与运行设备保持一定距离,以避免碰撞;检查接至腕臂的中心锚结点杆件。

(12)锚柱拉线

检查拉线线材;检查支柱和基础上的正锚拉线杆件;测量每种不同类型的锚柱高度并记录其对轨面的距离;检查拉线安装是否正确,是否装于指定的位置。

(13)隔离开关和互连开关(上下行并联开关)

检查隔离开关、互连开关操作机构是否正常,检查对象包括操作机构连杆、手柄及联锁装置;检查接于开关上的所有线缆的状态及开合位置触头的情况;在分闸状态下检查空气间隙;检查互连开关操作是否符合设计要求,能否按正常的开合顺序操作并确保安全;测量和记录操作手柄离地的高度;检查接地点的接地状况。

(14)分段绝缘器

检查所有部件确认装配正确,紧固良好;检查分段绝缘器的滑道,灭弧角隙;分段绝缘器应与轨道面平行;检查分段绝缘器在跨距内高度,分段绝缘器应与轨道面平行;检查承力索绝缘子的状态及位置;对照分段原理图检查相应的分段绝缘器是否处在规定的投入或短接位。

3. 现场测试项目

(1)支柱

检查项目	检查形式	工　具	备　注
地脚螺栓数量	观察		按图
防锈措施	观察		
地脚螺栓尺寸及直径	观察		
刷漆状态	观察		
支柱损坏	观察		
损坏检查	观察		
支柱倾斜	观察	水准仪及仪器	
基础类型	观察		

(2)张力补偿滑轮装置

检查项目	检查形式	工　具	备　注
张力棘轮水平/垂直调整	观察	水准仪	
张力坠砣位置	观察	卷尺、温度计	
张力坠砣的升降灵活性	观察		
坠砣调整	观察	仪表	按图
张力坠砣完整性	观察		按图
下锚完整性	观察		按图

(3)隔离开关/电动隔离开关

检查项目	检查形式	工　具	备　注
互连开关的功能和完整性	观察		按图
开关操作,开关操作连杆及电气连接	手动及远动操作试验	摇把、手柄及电动操作机构箱钥匙	应对每台开关的所有操作位置进行手动及远动试验。此试验还在多功能测试中进行

(4)加强线/回流线

检查项目	检查形式	工　具	备　注
加强线/回流线安装正确	观察		

(5)接地系统检查

检查项目	检查形式	工　具	备　注
接地点	观察		
接地系统的质量和完整性	观察		

(6)标志

检查项目	检查形式	工　具	备　注
支柱正确编号	观察		编号取决于工程设计数据
警告牌位置正确	观察		检查是否正确固定

4. 轨道车接触网检查

(1)接触悬挂

检查项目	检查形式	工　　具	备　　注
悬挂系统的完整性	观察		
接触线安装	观察	测量弓	
C 值测量	观察	测量弓	
之字值及拉出值	观察	测量弓	
结构高度 SH	测量		
导线高度	测量		
接触线和承力索无扭转、翻面、损坏扭曲	测量		
开关操作	测量		
锚段关节现场安装	测量		
分段绝缘器	测量		
分连接线	测量		
检查承力索交叉处无搭接及损坏	测量		
检查建筑限界及线夹区	测量	卷尺	
检查限制管的实际位置	测量		

(2)腕臂

检查项目	检查形式	工　　具	备　　注
检查安装及完整性	观察		
承力索在线夹内的位置	观察		
定位器与定位管的位置	测量	表计	
与温度及至补偿滑轮距离有关的腕臂位置	抽测	尺,温度计	对照表、图

(3)软横跨

检查项目	检查形式	工　　具	备　　注
上下部固定绳和横向承力索在吊线连接处的高度	测量	接触网高度测试仪	
承力索高度	测量	卷尺	
接触线高度	测量	卷尺	

续上表

检查项目	检查形式	工　　具	备　　注
支柱处绝缘子及底座的完整性及实际位置	观察		
线索损坏情况检查	观察		
横向承力索直吊线的实际垂直位置	观察		
上下部固定绳的实际张力	观察		

(4)分段绝缘器

检查项目	检查形式	工　　具	备　　注
分段绝缘器高度	测量	卷尺	
分段绝缘器"之"字值	测量	接触线测量装置	
分段绝缘器的完整性	观察		

(5)绝缘子

检查项目	检查形式	工　　具	备　　注
损坏检查	观察		

检查中发现的缺陷应及时通报并处理,在缺陷处理并重新测量后,必要时应对个别项目进行重复检查。

5. 受电(接触网投入)

受电日期将以特殊危险布告形式向社会通报。

初验前先取掉所有的固定接地线,每一接触网供电区段(车站或区间)将分别受电。

第 10 章　接触网运营管理

10.1　接触网(轨)作业安全规程

1. 总则

(1)为了在接触网运行和检修工作中,确保人身安全、行车安全和设备安全,特制定本规程。本规程适用于直流 1 500 V 柔性和刚性接触网的运行和检修。

(2)所有接触网设备,自第一次受电开始即认定为带电设备。之后接触网上的一切作业,均必须按本规程的各项规定严格执行。

(3)城市轨道接触网的各导线及其相连部件,通常均带有直流 1 500 V,因此禁止直接或间接(通过任何物件,如棒条、导线、水流等)与上述设备接触。

(4)当接触网的绝缘不良时,在其支柱、支撑结构及其金属结构上,都可能出现直流 1 500 V,因此平常应避免与上述部件相接触;当接触网绝缘损坏时,禁止与之接触。

(5)在跨越接触网的通信线、电力线、金属绳索及地铁列车的车顶等靠近接触网的建筑物上作业时,必须遵守本规程的有关规定。

(6)接触网维护单位职能部门要经常进行安全、技术教育,组织有关人员认真学习和熟悉本规程,不断提高安全技术水平,要负责和监督有关人员切实贯彻执行本规程的各项规定,确保人身、行车和设备的安全。

2. 运行管理

(1)接触网的维护工作由集团主管部门统一领导、分级管理,充分发挥各级组织的作用。接触网维护单位负责维修管理,并组织事故抢修,恢复正常运行。

(2)接触网工程竣工后,应按规定对工程进行认真检查,经验收合格后,方可投入运营。

①设备一旦投入运营应明确专责维护人员,直接负责对接触网设备的日常维护检修和事故抢修工作。

②接触网设备的维护人员以车间和委外管理形式,由接触网维护单位管辖。

③车间和委外单位应该熟识本管辖范围内设备状态并保存必要的技术资料、竣工文件和图纸。

④接触网设备的日常运行、维修需要做好管内设备维修、巡视、检查、检测记录、设备台账。

⑤车间和委外单位必须建立接触网技术履历。

⑥设备的维护和检修要达到技术标准要求，保证设备和检修人员的安全，检修应该遵守《柔性接触网维修规程》《刚性接触网维修规程》。

⑦车间和检修人员应备有各种必要的设备检修规程和运行规程。要加强学习，熟练掌握。

(3)接触网投入运行前，接管部门要做好运行前的组织准备工作，配齐并训练运行、检修人员，组织学习有关规章制度、安全规则，上岗人员需安全考核合格；备齐维修和抢修用的工具、材料、零件、交通工具及安全用品。

(4)接触网的正常检查、维修在停运后的夜间进行，其时间必须予以充分保证，并列入月、日计划。

(5)接触网维修设维修班组，实行 24 h 值班制度。在运行时间内，需有一定数量的抢修值班人员，有专用的值班室，通信设施，专用的接触网备品备件仓库，专用的停放接触网维修车辆的停车线路，及修理必需的钳工工作间。

(6)接触网维修技术人员和班组的班长，要对管辖区内的接触网状态进行认真、全面的检查，掌握其动态变化，并备齐有关技术资料、图纸、各种检修表及供电分段示意图。

(7)按规定编制下月的维修计划，并在每月规定时间内向调度员申报维修要点和停电计划。

3. 一般规定

(1)凡从事接触网运行和检修工作的所有人员，都必须取得“中华人民共和国特种作业操作证”和“中华人民共和国电工进网作业许可证”合格证之后，方准参加相应的接触网运行和检修工作。

(2)对从事接触网运行和检修工作的有关现职人员，每年定期进行一次安全考试。此外，对属于下列情况的人员要事先进行安全考试：

①刚开始从事接触网工作的人员。

②当职务或工作岗位变更，但仍从事接触网运行和检修工作的人员。

③中断工作连续 6 个月以上仍继续担任接触网运行和检修工作的人员。

(3)接触网工每年进行一次身体检查，对不适合接触网作业的人员应及时调整。

(4)雷电时禁止在接触网上进行作业。

(5)在接触网上进行停电作业时，除具备规定的工作票外，还必须有总调度所调度员批准的作业命令。

除遇有危及人身或设备安全的紧急情况，接触网所有的作业命令，均必须有命令编号和批准时间。

(6)在进行接触网作业时，作业组全体成员均须穿戴工作服、安全鞋、安全帽。所有的工具和安全用具，应定期校验，在使用前还须进行检查，符合要求后方准使用。

(7)接触网的巡视工作，要由岗位等级不低于五级(包括五级)的人员担任。在巡视中不得攀登支柱，隧道巡视必须在接到总调度所调度员已封闭区间允许作业命令后方可进行。

(8)所有按命令进行的作业，应按命令规定的内容和时间执行，当作业结束后应立即向调度所消除命令。

(9)为保证人身安全，除专业人员按规定作业外，任何人员所携带的物件(包括长杆、导线等)与接触网设备的带电部分需保持1 m以上的距离。

(10)在距接触网带电部分不到1 m的建筑物上作业时，接触网必须停电，并遵照下列规定办理：

①施工领导人要向运管中心总调度所提出接触网停电申请，申请中应明确指出施工地点、施工所需时间、施工开始时间及作业特点。

②只有在接到总调度所调度员许可停电施工的命令，在验电确认无电并在可能来电端挂设接地线后，方可开始施工。

③施工结束，在确认工完料清、所有工作人员都已在安全地点之后，方可拆除临时接地线，并通知总调度所调度员施工已完了。在拆除临时接地线之后严禁再进行施工。

④发现接触网断线及其部件损坏或在接触网上挂有线头、绳索等物体时，均不准与之接触，要立即报告总调度所或通知接触网维护单位。在接触网检修人员到达以前，将该处加以防护，任何人员均应距已断导线接地处所10 m以外。

4. 作业制度

(1)作业分类

①接触网的检修作业分为两种：

a. 停电作业：在接触网停电设备上进行的作业。

b. 远离作业：在靠近接触网带电部分的设备上进行的作业或不使用登高器具的下部作业。

(2)工作票

①工作票是在接触网上进行作业的书面依据，要字迹清楚、正确，不得用铅笔书写和涂改。

工作票填写1式2份，1份由工作票签发人保管，1份交给工作负责人。

事故抢修和遇有危及人身或设备安全的紧急情况，作业时，可以不开工作票，但必须有总调度所调度员的命令。

②接触网作业工作票：接触网工作票用于停电作业和远离作业。

③工作票签发人一般应在工作前1天将工作票交给工作负责人，使之有足够的时间熟悉工作票中的内容并做好准备工作。

④工作负责人对工作票内容有不同意见时，要向工作票签发人及时提出，经签发人签发认可后，方准作业。

⑤每次开工前，工作负责人要向作业组全体成员宣读工作票内容布置安全措施。作业结束后，工作负责人要及时收回工作票交给检修班组，由专人统一保管不少于企业规定存档月份。

⑥工作票的有效期不得超过6个工作日。

⑦工作票中规定的作业组成员，一般不应更换；若必须更换时，应经工作票签发人同意，并在工作票上签字。若工作票签发人不在，可经工作负责人同意，但工作负责人必须经工作票签发人同意，事后补签字。

⑧一个工作负责人或一个作业组，只能执行一张工作票。一张工作票只能发给一个作业组。

⑨对于较简单的地面作业可以不开工作票，由有关负责人向工作负责人布置任务，说明作业的时间、内容、安全措施，并记入值班日志中。

(3)作业人员的职责

①停电作业的工作票签发人和工作负责人，须由岗位等级不低于四级(包括四级)的人员担当。同一张工作票的签发人和工作负责人必须由两人分别担当，不得相互兼任。

②工作票签发人在签发工作票时，要确认下列事项：

a. 所安排的作业项目是可行的。

b. 所采取的安全措施是充分、必要和正确的。

c. 所配备的工作负责人和作业组成员的人数和条件符合规定。

③工作负责人要做好下列事项：

a. 作业地点、时间、作业组成员等，均应符合工作票提出的要求。

b. 作业地点所采取的安全设施正确且完备。

c. 时刻在场监督作业组成员的作业安全，如果必须短时离开作业地点时，要指定临时负责人，否则停止作业，并将人员和机具撤至安全地带。

④作业组成员要服从工作负责人的指挥、调动，遵章守纪，对不安全和有疑问的命令要果断及时地提出，坚持安全作业。

5. 高处作业

(1)一般规定

①凡在距地面2 m(坠落高度)以上的处所进行的所有作业，均称为接触网高处作业。

②凡在距地面 5 m(坠落高度)以上的处所进行的所有作业,均需办理登高申请,待审批同意后方可进行。

③高处作业必须设有专人监护,其监护要求如下:

a. 停电作业时,每一个监护人的监护范围,不超过两个跨距,在同一组软横跨上作业时不超过 4 条股道,在相邻线路时进行作业时,要分别派监护人各自监护。

b. 当停电成批清扫绝缘子时,可视具体情况设置监护人员。

④高处作业要使用专门的用具传递工具、零件和材料等,不得抛掷传递,高处作业人员要系好安全带。

(2)攀登支柱作业

①攀登支柱前要检查支柱状态,选好攀登方向和条件,攀登时手把牢靠,脚踏稳妥。用脚扣和踏板攀登时,要卡牢和系紧,严防滑落。

②攀支柱时要尽量避开设备,且与带电设备保持规定的安全距离。

(3)登梯作业

①接触网作业用的车梯和梯子必须符合下列要求:

a. 结实、轻便、稳固。

b. 车梯的车轮其中 1 个应良好接地,其他 3 个绝缘车轮必须有良好的绝缘性能。

②用车梯进行作业时,工作台上的作业人员不得超过 3 名,所用的零件、工具等放置在工具袋内,不得放置在工作台台面上。

③作业中推动车梯人员应服从工作台上人员的指挥。当巡检过程中车上有人时,推动车梯的速度不得超过 5 km/h,并不得发生冲击和急剧起、停梯。台上人员和推梯人员要呼唤应答,配合默契。当非巡检移动车梯时,工作台上不能有人。

④工作负责人和推梯人员,要时刻注意和保持车梯的稳定状态。当车梯在曲线上或遇到刮大风时,对车梯要采取防止倾倒的措施;当车梯在大坡道上时,要采取防止滑移的措施;当车梯放在道床、路肩上或作业人员超出工作范围作业时,作业人员要将安全带系在接触网固定部件上,不得系在车梯工作柜架上。车梯在地面上推动时,工作台上不得有人。

⑤为避让列车需将车梯暂时移至建筑限界以外的,要采取防止车梯倾倒措施。当作业结束,车梯需要就地存放时,须固定在建筑限界以外,隧道内,可固定在端头井等限界以外的地方。

⑥当用梯子作业时,作业人员要先检查梯子是否牢靠,是否有防滑脚套,竹梯必须有防裂装置,人字梯必须有限位装置。要有专人扶梯,梯脚要放稳固,严防滑移,梯子上部要绑扎牢固后再开始作业,梯子上只准有一人作业(硬梯比照上述有关规定执行)。

(4)工程车作业

①作业前负责人要检查接触网检修车的工作台与司机室之间的联系装置,该装置必须处于良好状态。

②作业时,工作台周围的防护栅要搭好,在防护栅外作业时,必须系好安全带。作业中检修车的移动应听从工作台上人员的指挥,检修车移动的速度不得超过10 km/h,且不得急剧起、停车。

6. 停电作业

(1)安全距离

在进行停电作业时,作业人员(包括所持的机具,材料零件等)与周围带电设备的距离不得小于:35 kV 为 1 000 mm;10 kV 及以下为 700 mm;直流 1 500V 为 700 mm。

(2)命令程序

①每个作业在停电作业前由工作负责人或指定 1 名岗位等级不低于初级(包括初级)的作业组成员作为要令人员,向供电调度员申请停电。在申请的同时,要说明停电作业的范围、作业内容、时间和安全措施等。

②在调度所调度员发布停电作业命令前,作业组要做好下列工作:

a. 将所有的停电作业申请进行综合安排、审查作业内容和安全措施,确认停电区段。

b. 通过调度,办理停电作业封闭线路的手续,对可能通过受电弓导通电流的分段部位采取封闭措施,防止从各方面来电的可能。

③总调度所调度员发布停电作业命令应给命令编号和批准时间,在接受停电命令时,受令人要将命令内容等记入作业检修单、检查记录表中。

(3)验电接地

①作业组在接到停电作业命令后,须先验电接地,然后方可作业。

②验电器验电的顺序:将验电器上端挂在接触线(汇流排)上,验电器表计端头靠到钢轨上,指示灯不亮,读数表接近零,为已停电。

③当验明接触网已停电后,须在作业点的两端挂设接地线,当作业地点有多个来电方向,则各方面均应挂设接地线,所有停电设备上装设接地线。在装设接地线时,将接地线的一端先行接在接地轨上,再将接地夹紧固在已停电的接触线(汇流排)上。拆接地线顺序则相反,先拆上端,然后再拆接地轨端。接地线要连接牢固,接触良好。

装设接地线时,人体不得触及接地线。接地线要用截面不小于 70 mm^2 的裸铜软绞线制成,并不得有断股、散股和接头。验电器在使用前尽可能在有电设备上先试验,证明验电器良好。

④在停电作业的接触网附近有平行带电的电线路或接触网时，为防止感应危险电压，除按上述规定装设接地线外，还要根据需要增设接地线。

⑤验电和装设、拆除接地线，必须由两人进行，一人操作，一人监护，其岗位等级不低于五级(包括五级)。

(4)作业结束

①工作票中规定的作业任务完成后，由工作负责人宣布作业结束，作业人员、机具、材料撤至安全地带，拆除接地线，确认具备送电、行车条件后，通知要令人向调度员请求消除停电作业命令。几个作业组同时作业时，要分别向调度员请求消除停电作业命令。

②调度员经了解确认完全达到送电、行车条件后，给予消除停电作业命令的时间，双方均按规定做好记录，整个停电作业方告结束。

7. 作业区行车防护

(1)在停电的线路上进行接触网检修作业时，除对有关的区间、车站办理封锁手续外，还要对作业区采取防护措施。

(2)现场作业组亦应在可能来车方向设置防护人员，一旦发现来车应显示红色信号，令其停车或采取其他避让措施，其防护距离一般设在距作业组50 m之外。

(3)防护人员在执行任务时，要思想集中，坚守岗位，履行职责，要认真、及时、准确地进行联系和显示各种信号。一旦中断联系，须立即通知工作负责人，必要时停止作业。防护人员的岗位等级不低于五级(包括五级)。

8. 事故抢修

(1)各种事故的抢修，应根据不同事故发生的具体情况采取针对性的、有效的安全防护措施，以“先通后固”的原则设法送电、通车。

在遇有接触网断线事故时，必须采取防护措施，使任何人在装设接地线以前不得进入距断线落下地点10 m范围以内。

(2)事故抢修时，虽然故障的设备已经停电，但必须向调度员口头(电话)申请，获准并取得命令编号后，经过验电接地后方可进行抢修。

(3)事故抢修中，如与调度员的直接通信联系中断时，可设法通过列车调度员、区间电话等进行联系，当一切电话中断时，在作业前必须采取下措施：

①做好事故地点的安全防护措施。

②与牵引变电所保持联系，断开有关的断路器和隔离开关。

③断开接触网有关隔离开关并加锁，必要时派人看守。

④按规定装设接地线。

⑤工作负责人要设法将事故有关情况，通过各种方式尽快报告总调所调度员。

(4)接触网维修部门除对接触网加强维修保养外，还应做好接触网故障的抢修预案，并做好抢修准备，其准备内容应包括车辆、机具、材料、方案及人员的召集、分工等方面。

10.2 接触网工作制度

10.2.1 工作票制度

工作票是进行接触网作业的书面依据，填写时要字迹清楚、正确，需要写的内容不得涂改和用铅笔书写。

工作票填写1式2份，1份由发票人保管，1份交给工作领导人。

事故抢修和遇有危及人身或设备安全的紧急情况，作业时可以不开工作票，但必须有供电调度员的命令。

根据作业的性质不同，工作票分为三种：

(1)接触网第一种工作票，用于停电作业。

(2)接触网第二种工作票，用于间接带电作业。

(3)接触网第三种工作票，用于远离带电体作业。

第一种、第三种工作票有效期不得超过3个工作日，第二种工作票有效期不得超过2个工作日。

作业结束后，工作领导人要将工作票和相应命令票交工区统一保管。在工作票有效期内没有执行的工作票，须在右上角盖“作废”印记交回工区保管。

工作票签发人和工作领导人安全等级不低于四级。同一张工作票的签发人和工作领导人必须由两人担当。

发票人一般应在工作的前一天将工作票交给工作领导人，使之有足够的时间熟悉工作票中的内容并做好准备工作。工作领导人对工作票内容有不同意见时，要向发票人提出，经认真分析，确认无误后，签字确认。

作业前，工作领导人应组织作业组成员列队点名，宣讲工作票并进行分工。分工时要将本次作业任务和安全措施逐项落实到人，然后方准作业。

10.2.2 验电接地制度

接触网停电作业必须先进行验电接地，然后方可作业。验电接地应由2人进行，1人操作，1人监护。操作人和监护人的操作等级不得低于二级和三级。

验电使用验电器。必须使用同电压等级的验电器验电，并遵守如下规定：

(1)接触网作业使用的验电器的电压等级为DC 1 500 V。

(2)验电器具有自检和抗干扰功能。自检时具有声、光等信号显示。

(3)验电前自检良好后,先在同电压等级有电设备上检查其性能,确认声、光信号显示正常,然后方可在停电设备上验电。

(4)在运输和使用过程中,应确保验电器良好。

验明接触网已停电后,须立即在作业地点两端,以及和作业地点相连可能来电的所有停电设备上装设接地线。

验电和装设、拆除接地线必须由2人进行,1人操作,1人监护。

在装设接地线时,将接地线的一端先行接地,再将另一端与被停电的导体相连(不宜挂在接触线上)。拆除接地线时,其顺序相反。接地线要连接牢固,接触良好。地线穿越股道时,必须采取绝缘防护措施。

装设接地线时,人体不得接触接地线。接好的接地线不得侵入建筑限界。连接或拆除接地线时,操作人要借助于绝缘杆进行。绝缘杆要保持清洁、干燥。

在有轨道电路的区段作业时,两组地线应接在同一侧钢轨上,且不应跨接在钢轨绝缘两侧,同时避开电务调谐区。

接地线应使用截面面积不小于25 mm^2 的裸铜绞线制成并有透明护套保护。接地线不得有断股、散股和接头。接地时要连接牢固,接触良好。

在停电作业的接触网附近有平行带电的电线或接触网时,为防止感应危险电压,除按规定安设地线外,还要增设接地线。

AT供电方式作业,当作业范围不涉及负馈线和保护线时,负馈线和保护线不可接地,但要按有电对待,保持安全距离。

关节式分相检修时,除在作业区两端工作支装设接地线外,还应在中性区导线上加挂一组地线,并将两断口进行短接封线。

10.2.3　作业区防护制度

在线路上进行接触网检修作业时,调度台设置驻台联络员,对有关区间、车站办理封锁手续。非常站控时,在能控制列车运行车站的运转室设置驻站联络员,对有关区间、车站办理封锁手续,并对作业区采取防护措施。

在作业组两端必须按规定设置现场行车防护员。现场行车防护员接到驻台(站)联络员邻线来车通知后,应及时通知作业领导人,作业人员停止作业,作业车平台保持顺线路方向,严禁人员在两线间避车。行车防护人员安全等级不低于三级。

10.2.4　停电作业要令、消令制度

1. 要令

每个作业组在停电作业前由工作领导人指定一名安全等级不低于三级的作业

组成员作为要令人员，向供电调度员申请停电命令，并说明停电作业的范围、内容、时间、安全和防护措施等。

几个作业组同时作业时，每一个作业组必须分别设置安全防护措施，分别向供电调度员申请停电命令。供电调度员在发布停电作业命令前，要做好下列工作：

(1)将所有的停电作业申请进行综合安排，审查作业内容和安全防护措施，确定停电的区段。

(2)通过列车调度员办理停电作业的手续，对可能通过受电弓导通电流的分段绝缘部位采取封闭措施，防止从各方面来电的可能。

(3)确认有关馈电线断路器、开关及接触网开关均已断开，确认有关馈电线断路器的重合闸装置已经撤除，作业区段的接触网已经停电，方可发布停电作业命令。

供电调度员发布停电作业命令时，受令人认真复诵，经确认无误后，方可给命令编号和批准时间。在发、受停电命令时，发令人要将命令内容等记入"作业命令记录"中，受令人要填写"接触网停电作业命令票"。

作业结束后及时恢复有关馈电线断路器的重合闸装置。

2. 消令

工作票中规定的作业任务完成后，由工作领导人确认具备送电、行车条件，将作业人员机具、材料撤至安全地带，拆除接地线，宣布作业结束，通知要令人向供电调度员请求消除停电作业命令。要令人员向车站值班员请求消除线路封闭命令。停电命令和行车封锁命令消除后，人员、机具不得再次上线。

几个作业组同时作业，当作业结束时，每个作业组要分别向供电调度员申请消除停电作业命令。

供电调度员送电时须按下列顺序进行：

(1)确认整个供电臂所有作业组均已消除停电作业命令。

(2)按照规定进行倒闸作业。

(3)倒闸作业完成后，恢复有关馈线重合闸功能。

(4)通知列车调度员接触网已送电。

10.2.5 倒闸作业制度

倒闸作业程序如下：

(1)接触网作业人员进行隔离开关倒闸时，必须有供电调度员的命令。倒闸作业应由 2 人进行，1 人监护，1 人操作。操作和监护人的接触网安全等级均不得低于三级。

(2)在申请倒闸命令时，先由安全等级不低于三级的要令人员向供电调度员提出申请。供电调度员审查后，发布倒闸命令。要令人受令复诵，供电调度员确认无误后，方可给命令编号和批准时间。每次倒闸作业，发令人要将命令内容等记入“倒闸操作命令记录”，要令人要填写“隔离开关倒闸命令票”。

(3)倒闸人员接到倒闸命令后，必须先确认开关编号及开关位置和开合状态无误后，再进行倒闸。倒闸时操作人员必须戴好安全帽和绝缘手套，穿绝缘靴，操作应平衡迅速，一次开闭到位，中途不得停留和发生冲击。

(4)倒闸作业完成，确认开关开合状态无误后，操作人向要令人通报倒闸结束，由要令人向供电调度员申请消除倒闸作业命令。供电调度员要及时发布完成时间和编号，并记入“倒闸操作命令记录”中，要令人填写“隔离开关倒闸完成报告单”，用挂锁将操作手柄锁定。至此，倒闸作业方告结束。

10.2.6　交接班作业制度

每天早上上班前，工长应召集工区前日和当日的工作领导人、值班员、安全员、材料员及班长等工区负责人员开一个简短的交接班会议，讨论当日工作及安全情况，总结前日工作情况，解决存在问题，安排布置好当日的工作，检查值班情况、设备运行情况，各项记录及各工具材料的使用和保养情况，传达上级有关文件等。